慧言真語

心傳海

王惠貞 著

大公報 出版有限公司

序　言

　　王惠貞女士是十三屆全國政協委員，全國政協提案委員會副主任，香港九龍社團聯會會長，港區婦聯代表聯誼會會長，香港王新興有限公司董事總經理。她的文集《慧言眞語》即將出版，可喜可賀。

　　言貴於慧，語貴於眞。《慧言眞語》收錄的 78 篇文章，每一篇都飽含着至眞至誠的愛國情懷，都體現出一個政協委員爲國履職、爲民盡責的使命擔當，拜讀之後，不禁爲之感動、爲之鼓舞。

　　十三屆全國政協以來，港區全國政協委員堅持以習近平新時代中國特色社會主義思想爲指導，深入學習貫徹習近平總書記關於加強和改進人民政協工作的重要思想，知責於心、擔責於肩、盡責於行，充分發揮「雙重積極作用」，爲發揮人民政協專門協商機構作用，爲推動「一國兩制」行穩致遠作出積極貢獻，成爲新時代人民政協事業守正創新、發展進步的一大亮點。

　　這期間，香港「一國兩制」實踐戰勝了前所未有的風險挑戰，香港社會實現由亂到治的重大歷史性轉折。港區全國政協委員站在平息修例風波、止暴制亂、香港國安立法、修改完善香港選舉制度等一系列重大政治鬥爭最前列，關鍵時刻靠得住、站得出、敢發聲，旗幟鮮明維護「一國兩制」方針，維護憲法和香港基本法，維護中央全面管治權，支持特區政府依法施政，成爲「愛國者治港」的中堅力量。

這期間，中國共產黨迎來建黨一百周年，勝利實現第一個百年奮鬥目標，開啟邁向第二個百年奮鬥目標的新征程。港區全國政協委員與中國共產黨同心同德、同向同行，把握建黨百年重大契機，積極投身以中共黨史爲重點的「四史」教育，增強對中國共產黨領導和中國特色社會主義的思想認同、政治認同、制度認同、情感認同，以自身思想政治素質的提高引領香港愛國愛港力量能力建設，體現了聽黨話、跟党走，奮進新征程、建功新時代的高度政治自覺。

　　這期間，國家「十四五」開局起步，習近平總書記親自謀劃、親自部署、親自推動的粵港澳大灣區建設加快實施，爲香港加快融入國家發展大局提供了重大機遇。港區全國政協委員胸懷「國之大者」，堅持圍繞中心、服務大局，緊扣促進「十四五」良好開局履職盡責，立足粵港澳大灣區建設議政建言，聚焦香港經濟發展、民生改善獻計出力，爲加快融入國家發展大局貢獻智慧和力量，以新的作爲展示了新的形象。

　　這期間，全國政協深入學習貫徹習近平總書記關於加強和改進人民政協工作的重要思想和中共中央政協工作會議精神，採取一系列創新舉措，全面提升專門協商機構履職效能，推動協商民主邁上新台階。港區政協委員自覺強化責任擔當和履職能力建設，積極參加調查研究、撰寫提案、協商議政、民主監督、視察考察等履職活動，堅持建言資政和凝聚共識「雙向發力」，把委員聯繫港區各界群眾工作落到實處，

聚焦爭取人心回歸加強思想政治引領和青少年愛國主義教育，爲促進海內外中華兒女大團結作出了新貢獻。

　　所有這一切，在《慧言眞語》中都有生動的體現。這部文集既是王惠貞委員本人親歷、親見、親聞和親力、親爲、親述的眞實紀錄，也可視爲港區全國政協委員履職實踐和心路歷程的一個縮影。

　　習近平總書記在慶祝香港回歸祖國 25 周年大會暨香港特別行政區第六屆政府就職典禮上的講話莊嚴宣示：「『願將黃鶴翅，一借飛雲空。』中華民族偉大復興已經進入不可逆轉的歷史進程。推進『一國兩制』在香港的成功實踐是這一歷史進程的重要組成部分。我們堅信，有偉大祖國的堅定支持，有『一國兩制』方針的堅實保障，在實現我國第二個百年奮鬥目標的新征程上，香港一定能夠創造更大輝煌，一定能夠同祖國人民一道共用中華民族偉大復興的榮光！」相信港區全國政協委員定將不辱使命、不負重託，團結奮鬥、踔厲前行，爲推動「一國兩制」行穩致遠，爲實現中華民族偉大復興的中國夢作出新的更大的貢獻。

朱 小 丹

十三屆全國政協常委、港澳台僑委員會主任

廣東省委原副書記、原省長

目 錄

序 言

第一章　融入國家

第二章　良政善治

第三章　和諧穩定

第四章　同心抗疫

第五章　政協提案摘錄

第六章　座談發言摘錄

第一章

融入國家

「穩增長防風險」胸有成竹
灣區良性競爭共贏發展

2021 年 10 月 16 日，「創業展未來 粵港澳大灣區青年創業資助計劃」啟動。

　　一年一度兩會開幕，聽取了國務院總理李克強所作的政府工作報告和主管港澳事務的國務院副總理韓正會見港澳全國政協委員、全國人大代表會議的講話，港澳各界看到中央有備而來，打好今年的經濟硬仗，「穩增長、防風險」胸有成竹。加快建設粵港澳大灣區，更是推動國家經濟社會向高質量發展、保持港澳長期繁榮穩定的重要舉措，香港要借助大灣區的合理分工，推動與大灣區良性競爭、共贏發展，樹立國家經濟轉型升級的示範。

　　今年的政府工作報告提出大量減稅降費措施，規模高達 2 萬億元人民幣，包括撥出 1,000 億元人民幣培訓 1,500 萬人次，以利勞動人口提升技能；優化民營經濟發展環境，加大吸引外資力度，營造內外資企業一視同仁、公平競爭的環境。

這些措施的落實，必將大大提振市場和民間信心，促進製造業發展，不僅減輕經濟下行壓力，也增強民眾的滿足感和獲得感，為社會穩定提供重要基礎，達到穩增長、防風險的效果。

達到穩增長防風險可期

建設粵港澳大灣區是近期輿論關注的熱點，也是這次兩會討論最多的。政府工作報告強調，落實粵港澳大灣區建設規劃，促進規則銜接，推動生產要素流動和人員往來便利化；支持港澳抓住共建「一帶一路」和粵港澳大灣區建設的重大機遇，更好發揮自身優勢，全面深化與內地互利合作。韓正副總理也指出，要準確把握粵港澳大灣區建設的戰略意圖，支持香港、澳門融入國家發展大局，推進「一國兩制」事業發展，保持香港、澳門長期繁榮穩定。

粵港澳大灣區是在「一個國家、兩種制度、三個關稅區、三種貨幣」的條件下建設的，國際上沒有先例可循，三地的法治、社會文化、經濟及行政制度存在不少差異，這些差異其實也是優勢，大灣區一體化合作可以從法律、稅務等方面進行創新，打破制度阻礙，互相取長補短，形成綜合競爭力。

值得注意的是，大灣區發展是合作與競爭並存，避免惡性競爭是關鍵。

就以航運業為例，大灣區港口群就面對挑戰，香港、深圳、廣州都擁有吞吐量世界排名前 10 位的港口，合在一起無疑全球稱冠，但也免不了激烈競爭。這就需要整合協調區內各大港口的發展定位，發揮最大的協同效應。

形成更緊密利益共同體

1950 年代東京有六大港口，互相競爭而少有整合資源以提高效率，有見及此，日本政府先後制定了《港灣法》、提出「東京灣港灣計劃的基本構想」，明確各大港口分工定位，形成「廣域港灣」，化無序競爭為優勢互補，增強東京灣港口國際競爭力。

他山之石，可以攻玉。粵港澳大灣區發展可借鑒別人的成功經驗，合理分工，

鼓勵香港青年投身大灣區創新創業，並在資助計劃下為青年團隊提供創業資金、師友輔導、專業諮詢、內地雙創基地配對等全方位服務。圖為獲資助 13 隊創業團隊及指導導師與一眾嘉賓合照。

互利共贏。例如香港的港口營運成本較高，應主攻高增值的貨物和航線。本港有人建議，把葵涌碼頭搬遷至政府計劃中的中部水域人工島，將碼頭用地改用作興建商業、住宅，發展更有競爭力的產業。此建議正是把握大灣區機遇的體現，值得政府和社會認真研究。

建設國際科技創新中心，是大灣區發展的重中之重，香港在此中也可扮演重要角色。去年 5 月，國家主席習近平作出批示，支持香港成為國際創新科技中心，發揮內地和香港各自的科技優勢，為香港和內地經濟發展、民生改善作出貢獻。大灣區有多個創新中心，各具特色，例如深圳就是「國際科技產業創新中心」，並先行一步，成功培育出騰訊、華為等一大批創科巨企。

深圳鹽田港、廣州南沙港都是港企與內地企業、內地政府合股合資的成功先例，未來在大灣區創科發展方面，香港和內地應繼續攜手合作，共同出資出技術，形成更緊密的利益共同體，加快大灣區經濟結構轉型升級。

2019-03-07 香港文匯報 A16 文匯論壇

為中國停飛波音737MAX8點讚

　　埃塞俄比亞航空公司一架波音737MAX8飛機墜機，同一機型在不到半年內再次發生墜毀事故，全球為之關注。中國民航局迅速決定，要求國內運輸航空公司停飛所有該款飛機。中國民航局表示，作出這一決定是「本着對安全隱患零容忍、嚴控安全風險的管理原則，為確保中國民航飛行安全」。航空安全不可抱僥倖心理，更不能麻痹大意。中國率先作出停飛有關機型的決定，對生命負責，對人民負責，堅守發展不以犧牲安全為代價的紅線，值得點讚，更值得在各行各業推而廣之。

　　國家主席習近平指出，「人命關天，發展決不能以犧牲人的生命為代價。這必須作為一條不可逾越的紅線。」去年習主席會見四川航空「中國民航英雄機組」全體成員時強調，「安全是民航業的生命線，任何時候任何環節都不能麻痹大意。民航主管部門和有關地方、企業要牢固樹立以人民為中心的思想，正確處理安全與發展、安全與效益的關係，始終把安全作為頭等大事來抓。」

　　此次中國民航停飛波音737MAX8飛機，是全球率先發出「暫停飛行令」的國家，正正體現了以人為本、發展不以犧牲安全為代價的精神。

　　波音公司的737MAX8飛機是2017年推出的新機型，但去年10月，印尼獅子航空一架該款飛機的空難，造成189人死亡；時隔僅4個多月，如今埃塞俄比亞航空同款飛機又墜毀。相同型號的兩架飛機在如此短的時間內墜毀，此一罕見情況已引起飛行員、乘客和全球各界對波音737MAX8飛機安全的擔憂和注意。連美國的航空安全專家也紛紛表示，事故不尋常，「因為一架全新型號的客機不會在一年內摔兩次」。

　　中國經濟發展迅速，航空市場蓬勃，是波音737MAX8的全球最大用戶之一。資料顯示，中資企業訂購了180架該型號飛機，有90餘架該型號飛機已被10多家

中國的航空公司使用。眾所周知，航空業運作牽涉巨大的商業利益，要求飛機停飛難免造成巨大經濟損失。

但是，由於波音 737MAX8 存在重大安全風險，中國民航局有擔當、守紅線，決定暫停有關飛機的商業運行。專家也肯定，在問題查清楚之前，停飛措施是很有必要的，中國民航局的做法是負責任的做法。儘管停飛會對航空公司造成一些經濟損失，但問題沒找出來，又有前車之鑑，如果繼續飛行，出現空難、造成人命損失，代價是不可承受的。停飛是對人民負責，絕對值得支持。在中國民航局宣布停飛波音 737MAX8 後，埃塞俄比亞航空、印尼交通航空局、新加坡、韓國、蒙古等航空當局相繼作出同樣的決定。

經濟發展、社會進步要以安全為前提，不能有絲毫疏漏。任何時候、任何情況都必須堅守發展不以犧牲安全為代價的紅線。過往有不少血的教訓，不能再重蹈覆轍。此次中國民航局的停飛決定，樹立以人民安全為中心的示範，正確處理安全與發展、安全與效益的關係，值得其他部門和行業仿效，全面提高安全發展水準，加快中國經濟社會向高質量發展轉型。

2019-03-13 香港文匯報 A17 文匯論壇

把握「十四五」新機遇
香港須做好「雙落實」

國家「十四五」規劃綱要，繪製了國家進入新時代的發展藍圖，提出一批具有標誌性的重大戰略，為實現第二個百年奮鬥目標、實現中華民族偉大復興的中國夢奠定堅實基礎，振奮人心。香港必須在確保國家安全的大前提下，做好「雙落實」，更好地融入國家發展大局，把握「十四五」時期的巨大機遇，不斷鞏固提升香港的優勢。

綱要提出，以推動高質量發展為主題，加快構建以國內大循環為主體、國內國際雙循環相互促進的新發展格局，促進全體人民共同富裕等，充分展示中央對國家和世界發展大勢的準確預判，以高超的智慧和駕馭能力，對國家發展作出高瞻遠矚、未雨綢繆的布局謀篇。

為國家新時代發展布局謀篇

規劃綱要在港澳部分，強調堅持依法治港治澳，維護憲法和基本法確定的特別行政區憲制秩序，落實中央對特別行政區全面管治權，落實特別行政區維護國家安全的法律制度和執行機制，維護國家主權、安全、發展利益和特別行政區社會大局穩定，並增強港澳同胞國家意識和愛國精神。這對國家和香港的發展，具有強烈的針對作用，為香港「一國兩制」行穩致遠、保持繁榮穩定提供了明確的要求和指引。

眾所周知，安全是發展的前提，發展是安全的保障，「十四五」規劃綱要為香港提供了巨大機遇，融入國家發展大局，參與共建「一帶一路」，配合粵港澳大灣區建設，積極推動創新發展參與國內國際雙循環建設，香港積極融入國家發展大局，鞏固自身優勢，首先要承擔維護國家安全的責任義務。

2019 年 5 月 10 日，「共和國之旅——香港九龍各界慶祝國慶 70 周年湖南高鐵參訪團」正式啟動。圖為接受林鄭月娥女士及王志民先生頒授參訪團團旗。

維護國家安全與香港利益息息相關

香港作為「一國兩制」下的特別行政區，經歷了回歸 23 年來的風雨洗禮，深刻體會到與國家命運與共。尤其是經受修例風波衝擊，香港國安法落實後香港由亂到治，港人更清醒地認識到，維護憲法和基本法確定的特區憲制秩序，落實中央對港全面管治權，建立健全香港維護國家安全的法律制度和執行機制，是香港繁榮穩定、港人安居樂業的根本保障和前提條件，維護國家主權、安全和發展利益，就是維護香港的根本利益，香港各界對此責無旁貸，必須堅定不移。

日前在第三屆中國國際進口博覽會的開幕式上，國家主席習近平發表重要講話指出，中國將秉持開放、合作、團結、共贏的信念，堅定不移全面擴大開放，將更有效率地實現內外市場聯通、要素資源共享，讓中國市場成為世界的市場、共享的市場、大家的市場，為國際社會注入更多正能量。國家進一步深化改革、

擴大開放，對香港而言，也是重大機遇。

　　香港作為國際金融、商業中心，是全球最自由的經濟體，熟悉國際商業運作，與國際市場聯繫廣泛密切，資金、人員、資訊流通自由，應充分發揮聯繫國內國際雙向開放的橋樑作用，推動國家貿易和投資自由化便利化，推動粵港澳大灣區、「一帶一路」高質量發展，構建新型國際經貿關係和人類命運共同體，也分享國家廣闊內需市場和與世界共贏合作的巨大商機。

　　香港融入國家發展大局是大勢所趨，香港青年更要搭上國家發展的「快車」，不能讓「歷史性機遇」成為「歷史性遺憾」，必須增強對祖國的向心力和愛國精神。特區政府、愛國愛港團體、社會各界應大力引領引導香港青年認識國家改革開放，提供更多走進大灣區內地城市和內地其他地區學習實踐的機會，讓香港青年耳濡目染感受國家的進步，了解祖國的歷史和文化，消除一切誤解隔閡，找到拓展人生事業的廣闊舞台。

2020–11–11 香港文匯報 A12 文匯論壇

吸取美國暴亂教訓
香港應積極融入國家大局

2019 年 5 月 10 日，與「共和國之旅——香港九龍各界慶祝國慶 70 周年湖南高鐵參訪團」成員在高鐵上合影。

　　美國總統特朗普的支持者衝擊國會事件，令舉世震驚。事件被美國主流社會、輿論定性為暴亂，執法檢察機關已迅速進行拘捕起訴行動。事實證明，任何國家和社會，追求民主都必須守法，理想崇高不是違法暴力免受法律制裁的擋箭牌。與美國執法機關處理暴亂手法相比，更顯香港警方執法文明克制，值得世界各國同行和國際社會尊敬。中央果斷出台香港國安法，為香港撥亂反正、重建法治穩定，港人更應看清世界「亂」與「治」的分野明顯，認清融入國家發展大局才是

香港的發展大勢所趨、機遇所在，更珍惜香港的安定和諧，與國家命運與共、齊創輝煌。

美國國會的暴亂發生後，美國輿論把衝擊國會者形容為「本土恐怖分子」；美國警方已拘捕十人，聯邦調查局着手調查事件，聯邦檢察官、司法部也開始檢控行動。美國及國際社會對美國國會暴亂的鮮明態度顯示，不容有人以暴力表達訴求、以政治凌駕法治，是國際社會共同盡力捍衛的普世價值。

昨日香港　今日美國

如今回頭看 2019 年香港的修例風波，黑衣暴徒佔領立法會，與美國國會被佔領的一幕如出一轍，修例風波被定性為暴動、示威者被定性為暴徒，應毫無異議；香港警方止暴制亂天經地義，暴徒如今被起訴、承擔法律責任，更合法合情合理，符合國際慣例。在某些西方政客和媒體眼中，衝擊美國國會的示威者就斬釘截鐵定性為暴徒，卻把香港的暴徒美化為「民主鬥士」，充分暴露其雙重標準的虛偽、搞亂香港的居心。

港警執法文明有目共睹

美國國會暴亂中，警方直接開槍鎮壓，造成多人死傷，西方輿論覺得毫無問題，是維護「法治和秩序」的必要之舉；同樣是依法辦事、止暴制亂，香港警方制止反修例黑暴卻遭到扭曲、抹黑，個別西方國家更制裁香港警方。修例風波持續大半年的衝突，沒有人因為警方執法而死亡，香港警方執法高水平世人有目共睹，現在是時候還香港警方清白和公道。

美國國會暴亂，表面上因選舉而起，背後深層次原因是貧富不均，政客為了一黨一己之私，不惜煽動對抗、撕裂社會。2020 年對全世界各國都是極不尋常的一年，肆虐全球的新冠肺炎疫情成為考驗各國管治能力的一次重大挑戰。中國依靠中央權威、以民為本、制度優勢、科學決策等原則，成功化危為機，疫情防控取得重大戰略成果，經濟增長率先實現由負轉正，脫貧攻堅任務如期完成，社會

大局保持穩定，「十三五」規劃圓滿收官，RCEP、中歐投資協定簽署，「十四五」開局充滿信心。事實證明，中央領導正確果斷、人民信服，舉國上下一心，彰顯了中國成功抗疫、重振經濟的制度優勢。

國安法加快香港由亂到治

香港能消除反修例風波的黑暴陰霾，正是得益於中央的全面正確治理。香港國安法的落實，震懾違法暴力行為，包括警方近日依據國安法拘捕「初選」的組織者、參與者，沉重打擊反中亂港惡行的氣焰，加快香港由亂到治、由治及興的步伐。

盡快控制疫情、積極參與粵港澳大灣區建設，是香港重振經濟、重現活力的希望所在，特區政府、社會各界必須咬緊牙關，徹底控制疫情，為與大灣區恢復正常往來創造必要條件，讓香港各行各業、年輕人更好地利用大灣區和國家發展的新機遇，共擔民族偉大復興重任，共享國家富強榮光。

2021-01-12 香港文匯報 A12 文匯論壇

加強普通話教育
融入國家發展大局

　　國家教育部 6 月 2 日首次發布《粵港澳大灣區語言生活狀況報告（2021）》，分析了香港「兩文三語」現狀，提出在法律上明確普通話與簡體字的地位、將普通話教育適度融入考評體系、粵港合作推進普通話教學等建議。教育部有關建議值得重視。

　　香港特區政府 1997 年成立後，開始推行「兩文三語」政策，中小學單獨設立普通話科，所有學生均須修讀，還有部分小學和中學初中更採用普通話教中文科。總的來看，回歸以來香港中小學普通話推廣工作取得了積極進展，但由於普通話師資不足、上課時間少（每周只有一到兩節課）、缺乏講普通話的語言環境、學生難以維持學習興趣等原因，普通話推廣的成效不太理想。自 2011 年起，香港中小學普通話教學出現萎縮。特別是經過「反國教」、「佔中」和修例風波等一系列社會事件之後，香港推廣普通話面臨不少困難。修例風波中，少數本土激進分子甚至把說普通話的人視作「敵人」，進行言語和人身攻擊，這種狀況更加不能容忍。

　　大部分香港人以粵語為母語，為什麼還要學習普通話？從實用角度看，學習語言是為了方便與人交流溝通。普通話是我國通用語言，也是世界上使用人數最多的語言之一，是聯合國六種正式工作語言之一。隨着中國綜合國力不斷提升，全球學習漢語的人數也在不斷增多。學會普通話，不僅是去內地學習、生活和工作的需要，也是香港開展對外交往和國際交流的需要。

　　除了實用層面，學習普通話還具有另一層重要意義。我國憲法規定，國家推廣全國通用的普通話。對於中國這樣一個幅員遼闊、人口眾多，擁有多民族、多語言、多方言的大國而言，推廣普通話對民族、地域間交往交流，建立統一市場，維護國家統一，增強中華民族凝聚力等都具有重要意義。香港既已回歸祖國 24 年，

香港廣大市民自然有必要認識和掌握國家通用語言。推廣普通話，不僅是香港融入國家發展大局的需要，也是構建國家民族認同、增強中華文化歸屬感的需要。

推廣普通話和使用粵語並不是非此即彼，完全可以並行不悖。我們身邊普通話和粵語都能熟練運用的，大有人在。語言多樣性就像生物多樣性一樣，因為多樣，這個世界才能多姿多彩。中國語言的多樣性，體現了中華文化海納百川的包容性和源遠流長的歷史積澱。粵語正是其中一種重要的語言體系，既保留了大量古漢語用詞，也吸收了不少外來語（特別是英語）。在香港，粵語作為第一語言，有其穩固性和不可替代的實用性，在文化傳承和感情維繫中發揮重要作用。與此同時，推廣普及國家通用語言，提升香港整體的普通話應用能力，也是特區政府的責任。

國家教育部有關報告提出，香港宜將普通話教育作為政策適度融入考評體系，使小學、初中、高中的普通話教育能夠連貫銜接，以此來增強教與學的動力。這是從制度上加強普通話教育的合理建議。此外，加強中文教師的普通話培訓，進一步推廣以普通話教授中文科，開展青少年赴內地交流學習等等，都是提升普通話能力的可行辦法。

當然，推廣普通話不僅是政府部門和學校的責任，大眾傳播機構和社會各界都責無旁貸。香港普通話教育的着眼點是為了香港的下一代，為了孩子們的成長和未來發展。讓孩子們從小學習掌握祖國的語言文字，增強中國文化的歸屬感和認同感，應當是香港普通話教育追求的目標。

2021-06-09 點新聞

香港社會應怎樣看待中國共產黨

　　長期以來，香港社會對於如何看待中國共產黨、接受中國共產黨的領導存在着很奇怪的現象，要麼諱莫如深，要麼遮遮掩掩。中聯辦主任駱惠寧在 6 月 12 日「中國共產黨與『一國兩制』主題論壇」上的主旨演講給出了明確答案。他指出，中國共產黨是憲法規定的中國特色社會主義的領導者，也是當之無愧的「一國兩制」事業的創立者、領導者、踐行者和維護者。沒有誰比中國共產黨更深切懂得「一國兩制」的價值，沒有誰比中國共產黨更執着堅守「一國兩制」的初心。

　　從鄧小平創造性地提出「一國兩制」偉大構想，解決歷史遺留問題；到國家主席習近平將「一國兩制」從治國理政的「嶄新課題」和「重大課題」，提升為中國特色社會主義的「基本方略」和「顯著優勢」，以香港治理的成就豐富了黨在新時代治國理政的內涵……放眼全球，從沒有任何一個地方、任何一個政黨有這樣的勇氣和智慧，這樣的膽略和胸懷，這樣的擔當和能力。唯有中國共產黨！

從正確認識共產黨開始

　　香港作為國家的一個地區，作為國家的一分子，備受國家的溫澤。我們享受着「一國兩制」基本國策的愛護，國家用法治築牢底線，呵護港人福祉；我們喝着來自內地的東江水，喝了 60 年；我們吃着來自內地的「供港菜肉蛋」，吃了 60 年。駱主任主旨演講中提到的「三趟快車」，幾十年來供應香港市場活豬和活牛達 1 億多頭，家禽 10 億多隻，還有港人飯桌上每天的蔬菜水果蛋品等。日行三趟的快車早已成了日行 N 趟。香港作為國家的一個行政區域，回歸以來不僅無須向國家繳納一分錢的稅，還在兩次金融風暴衝擊中得到中央的鼎力支持，得以平穩渡過難關。在香港面臨回歸以來最危急時刻，中央果斷出手，國安法一法安香江，香港重新回復安寧平靜。

這些鐵一般的事實，鐵一般的明證，本該是人人耳熟能詳、感念在心的，卻在香港多年來不能講、不敢講、不會講。

今年是中國共產黨百年華誕，明年我們又將迎來香港回歸 25 周年。香港應在全社會展開宣講，理直氣壯地告訴廣大港人和全世界：沒有中國共產黨，就沒有「一國兩制」；沒有中國共產黨，就沒有當今中國的繁榮昌盛；沒有中國共產黨，就沒有國人今天對世界的平視。

論壇圓滿結束，但中國共產黨與「一國兩制」的話題剛剛開始。建黨百年華誕的主題正在興起，作為國家的一分子，香港如何思考這波瀾壯闊的百年華彩篇章？如何看待我們這個國家及「一國兩制」事業的領導者？國家認同，就從認識中國共產黨開始，從接受中國共產黨執政領導地位開始！

2021-06-14 大公報 A10 慧言真語

感受百年中國共產黨磅礴偉力

自 6 月 20 日赴京，連日來，在北京參加會議、出席活動，馬不停蹄，內心時時刻刻被震撼着，感動的熱淚一次次滴落……我一個土生土長的香港人，為我們的中國共產黨充滿艱辛又波瀾壯闊的百年征程心潮澎湃，為她的華誕深深祝福，為自己能親身在首都見證世紀盛況而榮幸自豪。

6 月 28 日晚，我與一眾港區全國人大代表、全國政協委員去國家體育場（鳥巢）觀看大型情景史詩文藝表演《偉大征程》。中國共產黨百年篳路藍縷奮鬥史，濃縮在「浴火前行」、「風雨無阻」、「激流勇進」、「錦繡前程」四個篇章中，生動展現中國共產黨百年來帶領中國人民進行革命、建設、改革的壯美畫卷。

近代以後中華民族飽經磨難，無數仁人志士前仆後繼，尋找救國救民真理，直到 1921 年中國共產黨誕生。此後，歷經艱苦卓絕的長征、幾十年戰場上的浴血奮戰，從一窮二白基礎上的艱苦建設，到改革開放的春天故事……百年征程逐一闡釋了全世界的一連串疑問：

打破了一個舊世界的中國共產黨人，能否建設一個新世界？帶領中國人民站起來的中國共產黨，能不能帶領人民富起來？創造了歷史性成就、領導了歷史性變革的中國共產黨，能不能帶領國家強起來，實現民族復興？

14 億人民用自己的生活、用自己幸福的笑容告訴世人：在中國共產黨的領導下，這一切都由夢想變成了現實，變成了每個人的日常生活，變成了萬眾聚光目睹國家走向世界舞台中心。這一切成就在於中國共產黨始終以人民為中心，堅持人民至上，一切來自人民，一切依靠人民，一切為了人民。正如中共中央總書記習近平所說：「我將無我，不負人民」。

了解了中國共產黨，了解了她一百年的奮鬥史，由衷感到：中國共產黨人，是最有遠大理想、最不怕犧牲、最能吃苦、最美的人。

2021 年 6 月 28 日，在北京出席《偉大征程》文藝晚會，
見證中國共產黨成立一百周年偉大盛典。

　　香港代表團成員湯家驊先生說：「說壯觀實難以形容那波瀾壯闊的場面，言
震撼又不足以表達那澎湃高漲之情緒。」這可能是每一位參加活動的港人心情；
葉劉淑儀也說：「沒有共產黨百年奮鬥，我國哪有今天輝煌成就？」

　　晚會結束前，全場起立高唱《沒有共產黨就沒有新中國》，我跟着觀眾一口
氣唱了四五遍，唱完發現口罩已被淚水打濕。那是發自內心的感動。

（百年華誕手記之一）

2021-07-01 大公報 A12 慧言真語

見證世紀盛典

7月1日凌晨4時 morning call 的鈴聲響起，4時30分集合安檢，5時15分發車，6時正我已坐在天安門西觀禮台。廣場上參加盛典的方陣已集結完成，各種色塊組成的方陣整齊有序。儘管時辰尚早，但人們都精神飽滿，尤其是年輕人，朝氣蓬勃，青春洋溢。此時，微風習習，昨晚的傾盆大雨，讓7月的第一個早晨碧空如洗。

我們即將見證慶祝中國共產黨成立100周年偉大慶典。

我和一眾港澳政協委員請工作人員幫忙拍照，大家都恨不得把這極其珍貴的歷史性時刻每一分鐘都拍下來，也都為能親身來北京現場觀看世紀盛典而激動不已。

我自己還有一個小秘密：前天是我生日，從28日的《偉大征程》文藝晚會，到今天的百年盛況，我暗暗欣喜自己的生日趕上了國家史詩級的精彩絕倫時刻。這是我最大最好的生日禮物。

7時開始，廣場上響起《唱支山歌給黨聽》、《沒有共產黨就沒有新中國》等經典歌曲，我們揮舞手中的小紅旗跟着哼唱歡呼。習近平總書記等黨和國家領導人、各方面代表登上天安門城樓，隨後71架飛機的飛行表演拉開慶典序幕，直升機懸掛中國共產黨黨旗引領懸掛着四面巨幅標語的機組飛過天安門上空，兩組飛機分別組成「100」「71」字樣掠過長空，15架殲-20飛機組成3個梯隊呼嘯而過，教練機拉出紅黃藍10道彩煙，天空五彩繽紛。

8時整，國務院總理李克強宣布大會開始。56門禮炮鳴放100響，220名解放軍戰士組成國旗護衛隊，從人民英雄紀念碑行進至廣場北側升旗區，用了齊步正步齊步各一百步。禮炮轟鳴，腳步鏗鏘。全場7萬人肅立齊聲高唱國歌，五星紅旗冉冉升起。

「今天，在中國共產黨歷史上，在中華民族歷史上，都是一個十分重大而莊

2021 年 7 月 1 日，在天安門西觀禮台出席中國共產黨成立一百周年的偉大慶典活動。

嚴的日子。」習近平總書記這句開場白，簡單樸素，卻特別有分量。人們的思緒，跟隨着總書記講話，回顧一百年前國家蒙辱、人民蒙難、文明蒙塵的苦難；回味擺脫列強奴役、實現民族獨立自強，擺脫貧困、實現全面小康的甘苦。這一百年，是中國共產黨帶領人民浴血奮鬥、艱苦奮鬥、團結奮鬥、不懈奮鬥的一百年。這一百年，從建黨之初的開天闢地，歷經中國人民站起來的改天換地、富起來的翻天覆地、強起來的感天動地，都是因為有頂天立地的中國共產黨的領導。這一百年，是中華民族幾千年歷史上最恢弘、最精彩的史詩。

　　當習近平總書記鏗鏘有力地高呼「偉大、光榮、正確的中國共產黨萬歲！偉大、光榮、英雄的中國人民萬歲！」全場長時間歡呼，我們也站起身使勁鼓掌大

聲歡呼，只覺得自己的掌聲還不夠響，歡呼聲還不夠亮。

　　100分鐘的慶典，氣候竟如此多變，似乎在述說100年的不凡歷程。開始時天色微亮，不過西方烏雲密布，讓人有些擔心，像極了我們黨初創時期所經歷的那段從稚嫩走向成熟的歲月。中途果然陣雨忽至，夾雜着三五電閃雷鳴。神奇的是，不多時雨停了，東風又起，吹得旌旗獵獵作響。當慶典尾聲國際歌響起，烏雲漸散，一縷陽光倔強地穿透雲層，伴着「這是最後的鬥爭，團結起來到明天」的歌聲，陽光以驕傲迸發的姿態，整個照耀在廣場上空。這道陽光，彷彿輝耀百年、穿越百年的光榮與夢想。這份光榮夢想，也是香港與祖國同心同行的共同情感脈搏。

　　慶典結束後，我們跟着全場高唱《歌唱祖國》，久久站立，捨不得離開。此刻，哪裏有什麼香港人內地人之分，我們對國家對中國共產黨的情感，大家都是一樣的。莊嚴感自豪感始終充溢胸口，眼裏始終飽含淚水。我突然悟到：習近平總書記所講的「這是中華民族的偉大光榮」，就在此時此刻。

（百年華誕手記之二）

2021-07-03 大公報 A12 慧言真語

河南兒女在災害面前展現中國力量

7月20日以來，河南省多地遭遇歷史上罕見的極端強降雨天氣，引發嚴重洪澇災害，已造成71人遇難，上千萬人受災。洪水洶洶，舉國揪心。在天災面前，河南人民展現出來的不屈不撓精神和團結互助的行為，令人感動不已。為河南加油！願河南安好！

河南人民表現令人敬佩

從電視和網絡上，我看到一幕幕感人的場景。被淹的鄭州地鐵裏，每個人都在喊着讓暈倒的人先走、讓女士先走、讓老人和孩子先走，大家互相幫助、依次撤離。滾滾激流中，一位婦女被沖到塌陷的深水區，一群人奮不顧身衝到坑洞邊，用繩子一點點把她拉上來。一位媽媽帶着兩個孩子墜入深水坑，眼看就要沉下去，關鍵時刻一位路過的大哥冒着生命危險，將母子三人救出。一群孩子在街頭組成人牆，擋在深水區前，警示過往車輛繞行。在7月20日那個暴雨肆虐之夜，鄭州很多賓館自發降價，為無法回家的人員提供住宿，有的飯店將自家餐廳讓給受災人員休息，免費提供飲食。這樣的故事還有很多。洪水無情，人間有愛。河南人的勇敢善良，溫暖着所有人。

一方有難　八方支援

災情發生後，在河南人民奮勇自救的同時，從中央到地方都第一時間伸出援手。河北、山西等7個省迅速派出1800名消防員奔赴鄭州，幫助當地搶險救災。人民子弟兵叫響「洪水不退、官兵不退」的口號，持續奮戰在抗洪一線，加固堤壩，救助遇險群眾。翼龍無人機成功讓受災村鎮恢復通信信號，動力舟橋快速搭建救援通道，「河南暴雨積水地圖」提供避災資訊，氣象衛星即時監測災區天氣，

救生機器人、機器人水泵活躍在搶險救災現場……越來越多的高科技被應用到救災行動中，成為新時代的救援神器。

大災當前，一方有難、八方支援是社會各界的共同行動。企業慷慨捐贈、民眾奉獻愛心，共同鑄成救援後盾。在內地遇到重大自然災害時，香港同胞總是感同身受，伸出援手。1991年華東水災、2008年汶川大地震，香港同胞都是慷慨解囊，籌集大量捐款和物資救災。這一次同樣如此，香港各界正積極籌款，為同胞送上平安祝福，展現出守望相助、血濃於水的同胞情誼。

多難興邦　完善治理

我們國家幅員遼闊，地廣人多，洪澇、乾旱、地震等自然災害頻發。以河南為例，這裏是華夏文明的中心，但歷史上頻繁爆發的黃河水患給河南帶來深重的災難。新中國成立後，經過70多年的艱辛治理，中國政府交出了一份亙古未有的優異治黃答卷，從根本上改變了黃河暴虐為害的歷史。黃河再無決口，歲歲安瀾，這一中華民族的千年夢想，已經成為生動現實。

這次河南水災造成的人員和財產損失巨大，也給完善國家治理上了寶貴一課。日前，國家發改委發出緊急通知，要求抓緊完善落實應急響應機制，明確一旦出現極端天氣等非常情況，要堅決即時啟動最高等級響應，「該停學的停學，該停工的停工，該停業的停業，該停運的停運」，盡最大可能保護人民群眾生命財產安全。痛定思痛，防災減災必須有法可依、有規可循，必須完善各類災害救援預案，同時加強氣象預警等系統建設。在這方面，香港的颱風預警系統和天災應變計劃值得內地借鑒。

中華民族在歷史上曾遇到過各種困境，但永遠同舟共濟，渡過難關。未來還會面臨各種災難和挑戰，但經歷了洗禮和考驗的中國人民，會更加從容，也更加堅韌和自信地應對。

祝願河南同胞平安，災情盡快過去！

2021-07-27 點新聞

「四個期盼」描繪香港光明前景

　　全國政協副主席、國務院港澳辦主任夏寶龍 7 月 16 日在「香港國安法實施一周年回顧與展望」專題研討會上的講話，暢想我們國家實現第二個百年奮鬥目標時的香港願景，提出「四個期盼」，包含着中央對香港的關心厚愛，引起香港社會極大共鳴。

　　今年 7 月 1 日，我有幸獲邀出席在北京舉行的慶祝中國共產黨成立 100 周年慶祝大會。習近平總書記在天安門城樓莊嚴宣告，我們實現了第一個百年奮鬥目標，正在意氣風發向着全面建成社會主義現代化強國的第二個百年奮鬥目標邁進。我在現場感到無比激動和自豪，同時也在心裏期盼，香港能和祖國一道，繁榮發展，越來越好。夏寶龍主任提出的「四個期盼」，也反映了我們大多數香港同胞的心聲。

　　第一個期盼是「經濟更加繁榮，各項事業發展更加均衡，社會更加和諧安寧」。夏寶龍副主席還特別強調「現在大家揪心的住房問題必將得到極大改善，將告別劏房、『籠屋』」。這是着眼於經濟民生層面。住房問題是香港民生痛點，已成為香港社會最大關切。韓正副總理在今年全國兩會上也講到，解決這個問題，難度很大，但總要有解決開始的時候。中央高度重視香港住房等民生問題，體現了以人民為中心的發展思想。在中央大力支持下，特區政府積極有為，社會各界群策群力，相信在不久的將來，香港住房問題一定可以得到極大改善。

　　第二個期盼是「民主制度有更大進步，法治更加完備，權利和自由有更充分的保障，人人可望實現更全面的發展」。這是着眼於民主法治層面。民主、法治、權利和自由是香港社會珍視的核心價值。香港回歸以來，民主政制依法穩步推進，香港居民的基本權利和自由得到充分保障。中央完善香港選舉制度，目的是為了發展優質民主，實現良政善治，讓市民生活得更好。夏寶龍主任描繪了一個美好

的社會願景，「孩子都能健康快樂成長，學生都能接受良好的教育，青年都有廣闊的就業創業舞台、都能去追逐自己的夢想，長者都能頤養天年，全體市民都享有更加幸福安康的生活」，令人嚮往。

第三個期盼是「『一國兩制』實踐成果更加豐碩，『愛國者治港』全面實現，以愛國愛港為核心的主流價值觀深入人心」。這是着眼於政治層面，期盼「一國兩制」更加成熟定型，香港同胞對國家的認同感和歸屬感大幅提升。夏寶龍主任還期盼「香港深度融入國家發展大局」，這也是國家「十四五」規劃和 2035 年遠景目標綱要中多次提到的。在國家砥礪奮進的新時代，香港更應同心同德，乘勢而上，在深度融合中譜寫「一國兩制」新篇章。

第四個期盼是香港成為「活力四射、中西合璧、高度文明的現代化國際大都會」和「全世界都為之心馳神往的新的東方明珠」。這是着眼於國際層面，期盼香港繼續保持中西合璧的特色，國際影響力不斷提升。正如習近平主席指出：「香港同胞不僅完全有能力、有智慧把香港管理好、建設好、發展好，而且能夠繼續在國家發展乃至世界舞台上大顯身手。」

這四個期盼，從經濟民生到民主法治，從融入國家到享譽世界，從物質層面的獲得感到精神層面的幸福感，始終圍繞着港人對美好生活的追求，體現出中央對香港、對港人滿滿的關懷之情、愛護之心。而要把這些美好的願景變為現實，需要特區政府、社會各界、全體市民團結一心，共同努力。特別是對香港特區的管治者提出了新的更高要求，正如夏寶龍主任所說，他們「不僅要愛國愛港，還要德才兼備、有管治才幹」，「不僅要想幹事，還要會幹事、能幹事、幹成事」。香港即將迎來選委會選舉、立法會選舉和行政長官選舉，我們期待在新選舉制度下選出有心有力的管治者，帶領香港走向更加光明的未來。

2021-08-06 點新聞

中央要求　香港機遇

2019 年 6 月 15 日，「香港青年上海實習計劃 2019」啓動禮。該計劃已累計安排超過千名大學生到上海、廣州、深圳等不同城市的企業實習。

　　近日，國家「十四五」規劃宣講團來港。宣講團成員來自國家發改委、國務院港澳辦、國家科技部、中國人民銀行等有關部門。中央官員在香港宣講五年規劃，這是破天荒的第一次，前所未有。宣講團在短短 4 天時間內，舉辦 8 場座談會，與特區政府有關部門及香港各界和青年團體進行了廣泛宣介交流。規格之高、安排之密集，體現了中央對香港的關愛和期許。

　　從安排上，頗有深意。港澳辦和中聯辦是代表港澳工作的主責部門，發改委是國家經濟統籌部門，科技部主管創新科技，人民銀行主責金融。至於與香港青

年人的座談，是此次宣介中唯一一場超乎經濟領域的世代交流，寓意深長。

從宣講內容中，我們可理解中央良苦用心。

一是催港奮進。中聯辦主任駱惠寧說：「市場經濟競爭激烈，不進則退，慢進也是退。唯有做好今天，才能贏得明天。」港人應深感其中心意。香港底子不錯，但多年無謂的爭拗白白耗費精力，蹉跎歲月。行政效率墨守成規，拖拖拉拉。而國際國內兩個大局都在發生巨變，國家發展更是一躍千里，香港應該有危機意識，不能眼看「病樹前頭萬木春」，不思進取。

二是對管治團隊提出希望。國務院港澳辦副主任黃柳權講到，「十四五」規劃為香港提供了重要發展機遇，特區政府官員肩負管治好及發展好特區的職責，在推動香港經濟持續發展，社會全面進步等方面責任重大。點明特區政府應主動擔當主體責任，上要對得起中央要求，下要對得起市民期盼，還要對得起時代機遇。這份責任擔當，不僅體現在落實「十四五」規劃過程中，也體現在「港人治港」的方方面面。

三是賦予香港發展新定位。中央一如既往支持香港提升國際金融、航運、貿易中心地位，除此之外，將香港納入國家創新體系、國家戰略力量的重要組成部分，賦予新的定位——支持香港提升國際航空樞紐地位、支持香港建設國際創新科技中心和區域知識產權貿易中心，支持香港發展中外文化藝術交流中心。簡言之「一個樞紐，三個中心」，為香港發展提供了新的增長點，也是香港未來的支撐點。香港各界應抓住機遇，創造香港的再次騰飛。

四是對香港青年寄予厚望。習近平主席特別重視年輕人，他在若干次講話中，專門用一段寄語青年，比如今年七一重要講話，他號召「新世代的中國青年要以實現中華民族偉大復興為己任，增強做中國人的志氣、骨氣、底氣，不負時代，不負韶華，不負黨和人民的殷切期望」。香港青年也要培育這樣的志氣、骨氣、底氣，練就本領，成就事業。

2021-08-25 點新聞

匯聚各界力量　共襄復興偉業

中共十九屆六中全會 11 日在北京閉幕。這兩天學習六中全會公報，閱讀有關新聞報道，有幾點感受。

一是這次會議承前啟後、繼往開來，意義重大。今年是中國共產黨成立一百周年，習近平總書記在七一重要講話中莊嚴宣告，中國實現了第一個百年奮鬥目標，在中華大地上全面建成了小康社會，歷史性地解決了絕對貧窮問題，正在意氣風發向着全面建成社會主義現代化強國的第二個百年奮鬥目標邁進。在「兩個一百年」奮鬥目標的歷史交匯點，中共十九屆六中全會肩負着承前啟後、繼往開來的重大使命。以史為鑒，展望未來，這次會議全面總結中共百年奮鬥重大成就和歷史經驗，必將進一步推動全黨凝聚共識、統一行動，團結帶領包括香港各界在內的全體中華兒女，在新征程上贏得更加偉大的勝利和榮光。

二是新時代偉大成就鼓舞人心、催人奮進。十八大以來的這九年，以習近平為核心的中共中央，統籌國內國際兩個大局，出台一系列重大方針政策，推出一系列重大舉措，戰勝了一系列重大風險挑戰，解決了許多難題，辦成了許多大事，推動黨和國家事業取得歷史性成就、發生歷史性變革。六中全會《決議》從 13 個方面分領域總結新時代黨領導人民取得的巨大成就，重點總結九年來的原創性思想、變革性實踐、突破性進展、標誌性成果，必將極大鼓舞和激勵全黨全國人民進一步堅定信心、振奮精神，聚焦我們正在做的事情，以更加昂揚的姿態邁進新征程、建功新時代。

三是這次會議對香港同樣意義重大。全會公報指出，黨中央採取一系列標本兼治的舉措，堅定落實「愛國者治港」、「愛國者治澳」，推動香港局勢實現由亂到治的重大轉折，為推進依法治港治澳、促進「一國兩制」實踐行穩致遠打下了堅實基礎。我們親歷了過去幾年香港局勢由亂到治的重大轉折，對這段話感受

尤深。沒有以習近平總書記為核心的黨中央果斷決策、雷霆出手，就沒有香港今天由亂到治、由治及興的穩健發展局面。過去幾年香港的重大轉折，更加印證了維護港人的根本福祉，就要堅定維護中國共產黨的領導，就要堅定維護以習近平總書記為核心的黨中央。

這兩天，抗美援朝題材影片《長津湖》正在香港上映。這部影片在內地累計票房突破56億元人民幣，成為2021年全球票房榜冠軍。很多觀眾是流着淚看完的，都為影片中志願軍戰士為國犧牲而感動不已。我推薦身邊的朋友都去看看，讓他們了解我們今天的和平生活來之不易，中國有今天的發展成就是無數仁人志士犧牲換來的，應當倍加珍惜。

在香港由亂到治、由治及興的新階段，香港各界應繼續在促進社會和諧、推動經濟發展、增進國際交流方面發揮作用。今年完善選舉制度，充分體現中央對新時期新形勢下香港的期望和重託。香港各界應當主動講好「一國兩制」成功實踐的故事，講好中國共產黨百年奮鬥偉大成就的中國故事，促進兩地民心相通和香港人心回歸，在新時代新征程上，為中華民族偉大復興更好發揮應有作用。

2021-11-15 大公報 A12 慧言真語

深切的關懷　巨大的鼓舞

　　新華社日前公布，中共中央總書記、國家主席、中央軍委主席習近平將出席慶祝香港回歸祖國 25 周年大會暨香港特別行政區第六屆政府就職典禮。這是香港市民熱切期盼的大好消息，我也為此深感振奮和鼓舞。

　　過去五年，香港的發展極不平凡，即使經歷了修例風波和新冠疫情的嚴峻考驗，但在中央的堅強領導和堅定支持下，香港終於挺過來了，社會恢復了安寧，「愛國者治港」原則得到了落實，香港實現了由亂到治的重大轉折。

　　陽光總在風雨後。在香港特別行政區 25 歲生日即將來臨之際，我們對香港邁向由治及興充滿信心。在這個重要時刻，習近平主席出席回歸慶典，充分體現了對香港的高度重視和對香港同胞的深切關懷，也反映了中央對香港「一國兩制」實踐成就的充分肯定和對香港未來發展的全力支持，必將極大增強香港和國際社會對「一國兩制」的信心，必將有力鼓舞香港社會各界團結一心、共同譜寫香港發展新篇章。

　　習近平主席對香港的發展一直牽掛在心。我擔任全國政協委員以來，每年參加全國兩會和全國政協有關活動，對此有很深的感受。習近平主席熟悉香港情況，關心香港發展，心繫市民福祉。5 年前，在習近平主席見證下，《深化粵港澳合作推進大灣區建設框架協議》正式簽署，拉開了國家層面推動大灣區建設的帷幕。這是習近平主席親自謀劃、親自部署、親自推動的重大國家戰略，為香港發展提供了難得機遇。

　　同年，習近平主席對在港兩院院士來信作出重要指示，支持香港成為國際創新科技中心；2021 年 3 月，支持香港建設國際創科中心被列入國家「十四五」規劃綱要。今年 2 月，香港第五波新冠疫情來勢洶洶，危急時刻，習近平主席就支援香港抗擊第五波新冠肺炎疫情工作作出重要指示。香港只要有求，內地必定有

應，在中央政府和內地各有關方面全力支援下，香港第五波疫情在較短時間內得到了有效控制。這樣的例子還有很多，習近平主席的關心、中央的支持，是推動香港發展的強大動力，是香港戰勝各種困難挑戰的堅強後盾。

當前，香港發展站在一個新的歷史起點上，正處於由亂到治走向由治及興的關鍵時刻。習近平主席出席香港回歸祖國25周年慶典，必將對香港未來發展產生重大而深遠的影響。我對此充滿期待，也堅信在習近平主席的關懷指引下，在香港各界人士共同努力下，香港明天一定會更加美好！

2022-06-27 大公報 A16 慧言真語

行而不輟　未來可期
——學習習主席講話體會

習近平主席在慶祝香港回歸祖國 25 周年大會暨香港特別行政區第六屆政府就職典禮上發表重要講話，在香港社會引起強烈反響。認真學習習主席講話，3800多字，字字珠璣，深感這是一部綱領性文獻，是對「一國兩制」實踐的又一次理論昇華，是引領「一國兩制」行穩致遠的指路明燈。對當前正處在從由亂到治走向由治及興的關鍵時期的香港，具有凝聚人心、引領行動的重大意義和現實意義。

「一國」是「兩制」的根本

一、習主席強調了「一國兩制」的原則底線

習主席指出，「一國兩制」的根本宗旨是維護國家主權、安全、發展利益，保持香港、澳門長期繁榮穩定。這是中央貫徹「一國兩制」方針一以貫之的原則。

習主席五年前在慶祝香港回歸祖國 20 周年大會上明確指出，要把堅持「一國」原則和尊重「兩制」差異、維護中央權力和保障香港特別行政區高度自治權、發揮祖國內地堅強後盾作用和提高香港自身競爭力有機結合起來，任何時候都不能偏廢。

維護好國家主權、安全、發展利益，也是香港長治久安、繁榮穩定的保障。國家好，香港好。「一國」根本利益的是土壤，在此基礎上，香港的「兩制」百花齊放，滿園春色。只有這樣，「一國兩制」才能行穩致遠。

二、習主席指明了香港未來前景

回歸之前，一些人對「一國兩制」心存疑慮，部分人移民離開。但事實勝於雄辯，香港回歸 25 年來，中央對香港始終高看一眼、厚愛有加。當金融風暴、非

典疫情、新冠疫情襲來時，中央總是及時出手相助，香港有求、祖國必應。每一份關愛，港人都深有體會。

作為一項前無古人的事業，25 年時間足以證明，「一國兩制」是一個偉大創舉，實踐獲得了公認的成功。中央政府所做的一切，都是為了國家好，為了香港、澳門好，為了港澳同胞好。習主席向全世界宣示「這樣的好制度，沒有任何理由改變，必須長期堅持！」鏗鏘有力的話語，一錘定音，再次展示出中央對承諾堅守的戰略定力和歷史自信，令港人對香港的未來充滿信心！

三、習主席指明了香港的發展方向

習主席將「一國兩制」實踐成功的規律總結出「四個必須」，對新一屆特區政府提出了「四點希望」。

「四個必須」告誡我們，「一國兩制」實踐應該怎樣做，怎樣才能確保行穩致遠。這四點既是經驗也是規矩。港人要深刻理解中央的良苦用心，也要懂得遵守規矩。

新政府展現新氣象

「四點希望」從治理、發展、民生、穩定四方面對特區政府提出了施政重點方向。每一方面，都切中肯綮，抓住了香港最關鍵問題。許多市民感慨「習主席講到了我們心裏」。

我們高興地看到，新任特首李家超帶領新一屆政府管治團隊，正式履新十多天以來，馬不停蹄展開工作。迅速成立「土地及房屋供應統籌組」、「公營房屋項目行動工作組」、「弱勢社群學生擺脫跨代貧窮行動小組」和「地區事項統籌工作組」四個工作組，積極落實中央要求，其速度、力度、決心都令人刮目相看。

「行而不輟，未來可期」。香港只要按照習主席指明的方向，堅守「一國兩制」正道，未來必定充滿光明！

政協委員要帶頭宣介二十大精神

2019 年 6 月 11 日，參加由中國商務部及香港特區商經局合辦「中國內地與香港特區經貿及專業代表團」，訪問西班牙、塞爾維亞及阿拉伯聯合酋長國。圖為作者向西班牙基建有關行業協會介紹，與內地及香港企業合作的機遇。

中國共產黨二十大的召開，是包括香港 750 萬市民在內的全國人民的一大盛事。連日來，多個愛國愛港團體組織集體收看大會實況，各界人士以各種方式紛紛表達感受，一時間，香港也掀起了學習熱潮。我個人也和廣大市民一樣，心情激動。與九龍社團聯會骨幹成員一起學習二十大報告，家族內地公司也組織了員

工學習。大家都說，這是國家的大事盛事，也是港人的榮光！大會選舉產生了以習近平為核心的新一屆中央領導集體，眾望所歸，我衷心擁戴。

我們深深體會到，過去 5 年和新時代 10 年，在黨和國家發展進程中確實極不尋常、極不平凡。對於香港，這 10 年，「一國兩制」實踐經歷了涉灘之險、爬坡之艱、闖關之難，在以習近平為核心的黨中央堅強領導下，取得了一系列突破性進展，實現了由亂到治，走向由治及興。事實證明，十八大以來黨中央關於「一國兩制」實踐的方針部署是完全正確的，適應時代發展和香港實際，不僅走得對、走得通，而且走得穩、走得好。

中共二十大報告再次強調「一國兩制」必須長期堅持，極大增強了香港同胞對「一國兩制」的信心。報告有 7 處提及中央對香港發展的支持，涵蓋政治、經濟、民生、社會各方面，體現了中央對香港的重視和關懷，也是對香港的期望和要求，為香港未來發展指明了前景，也為特區管治和施政提供了主要方向和工作重點。

日前，李家超特首任內首份施政報告出爐，令人耳目一新。施政報告全面呼應中共二十大精神，主動對接國家戰略，積極回應市民訴求和社會關切，訂立了110 個具體指標，明確了時間表和 KPI，有願景、有措施，思路清晰、務實進取，體現了以民為本的理念和敢於擔當的施政新風。民調顯示，香港市民對施政報告的滿意度為 2017 年以來新高，我們對新一屆特區政府充滿信心和期待。

習近平總書記在中共二十大報告指出，從現在起，要以中國式現代化全面推進中華民族偉大復興。

對此，香港社會各界特別是廣大政協委員，要深刻理解中國式現代化的重大意義，思考香港如何發揮優勢，助力國家構建新發展格局、推動高質量發展，以己之所長、貢獻國家之所需，在建設中國式現代化進程中作出更大作為。

比如，在內地自貿區和自貿港建設中，香港可提供百年自由港的發展經驗，提供具體可行的政策建議。在金融開放方面，香港作為國際金融中心，可與內地加強合作，帶動 IPO、財富管理和人民幣離岸市場加快發展。在科教方面，可利用香港世界一流大學的優勢，為國際頂尖科學家參與國家科研項目提供通道。用好

香港資本市場，服務內地重大科研成果落地，等等。

　　作為政協委員，要帶頭在香港宣介中共二十大精神，帶頭落實中共二十大精神，帶頭向國際社會傳播新時代的中國，帶頭支持特區政府施政新風，展現新時代香港「一國兩制」新實踐的新風貌！

2022-10-30 點新聞

第二章

良政
善治

中環繞道迎難而上
支持大型基建造福香港

　　工程歷時近十年的中環灣仔繞道正式通車，港島北的交通堵塞問題將大大紓緩。近年本港的大型工程往往一波三折，好事多磨，相比內地明顯落後。大型工程有利發展經濟民生，提升香港競爭力，政府需要迎難而上，為香港長遠發展積極作為，社會各界包括立法會不同黨派議員在內，也要以香港整體利益為重，凝聚共識，理性支持「明日大嶼」計劃等重大基建項目，令建設事半功倍，造福香港。

　　上世紀九十年代，回歸前的香港政府已提出興建中環灣仔繞道，當時預計造價為 80 億港元。工程曾經歷過填海爭議引發的司法覆核及皇后碼頭保育事件，鬧得沸沸揚揚，工程出現不少波折。繞道於 2010 年 1 月 29 日正式動工，耗資 360 億港元，繞道長約 4.5 公里，到如今首階段通車，建造時間 9 年有多，造價更是原本預計的 4 倍多。中環灣仔繞道歷盡艱難得以建成，有利改善交通、便利市民，也是近年香港大型工程建設的縮影，去年落成並開通的廣深港高鐵香港段、港珠澳大橋，都有相似的經歷。

迎難而上克服困難

　　正如特首林鄭月娥在中環灣仔繞道開通儀式致辭時表示，對歷經 30 年研究、爭議及工程延誤終於落成的繞道通車表示開心、感動、激動及百感交集，她表示「工程中要迎難而上，亦需易地而處，了解反對者的意見」。大型工程難免牽涉到環保、保育等複雜問題，甚至遭到司法覆核、立法會拉布等阻礙，但是政府和市民攜手合作，不因一時阻力而放棄，以堅定信心、凝聚民意，克服種種困難，最終撥雲見日，令工程順利完工。

　　大型工程不僅能改善社會運作的效率，更為經濟、社會發展注入源源動力。這方面內地近年發展一日千里，成就有目共睹，值得香港參考。內地近年的高鐵

建設高效質優，已成中國發展的名片。蘭新高鐵，是連接甘肅省蘭州市與新疆維吾爾自治區烏魯木齊市的高速鐵路，全長 1776 公里，是世界上一次性建成通車里程最長的高速鐵路，2009 年 11 月 4 日，正式開工建設，2014 年 12 月 26 日，全線貫通，僅歷時 5 年。雖然香港的情況不可完全與內地相提並論，但是香港大型工程如何提高效率、加快建設進度，需要認真反思和研究。

　　大型工程還有更重要的作用，就是功在當下，利在千秋，為推動社會發展提供堅實基礎和巨大動力。例如，特區政府提出的「明日大嶼」計劃，建設 1700 公頃的人工島，可興建 26 萬至 40 萬個單位，解決 70 萬至 110 萬人的居住問題，創造 34 萬個就業職位，將建立本港第三個核心商業區，對於本港改善居住環境、交通網絡、達至全港發展更均衡具有重大意義。

應為未來早作打算

　　「明日大嶼」計劃是一個涵蓋 20 年、為下一代謀福祉的宏大計劃，當中也涉及填海、保育、公帑使用等複雜問題，計劃提出後引起不少爭議。本港土地供應不足也迫在眉睫，如果現在還不動手解決，還在議而不決、決而不行，只會積重難返、更難解決，對不起香港的下一代。

　　中環灣仔繞道、高鐵香港段、港珠澳大橋相繼開通，港人享用到便捷的交通，給香港帶來更多遊客和商機，證明這些大型建設物有所值，絕不是「大白象」工程，希望社會各界能以理性客觀的眼光看待「明日大嶼」計劃，減少爭拗，多予支持，為香港的未來早作打算。

2019-01-22 香港文匯報 A11 文匯論壇

潤物無聲做好《國歌法》宣傳推廣

　　《國歌法》在立法會三讀通過，經特首林鄭月娥簽署、刊憲公布，已正式生效。林鄭月娥表示，國歌與國旗、國徽一樣，是國家的象徵和標誌，香港特別行政區作為國家不可分離的部分，立法維護國歌的尊嚴是特區政府應有之義。《國歌法》立法排除萬難，得以完成，令人欣慰，但完成立法並不等於從此萬事大吉。接下來，特區政府和社會各界必須做好《國歌法》的宣傳推廣工作，尤其是要加強學校、年輕人正確認識《國歌法》的教育，通過了解國歌的歷史和精神，由心而發地增強對國家民族的認同感、歸屬感，確保「一國兩制」後繼有人、行穩致遠。

　　《國歌法》的內容包括：國歌是國家的象徵和標誌，一切公民和組織都應當尊重國歌維護國歌的尊嚴；教育局須就國歌納入中、小學教育發出指示，使學生學習歌唱國歌，及了解國歌的歷史和精神，並遵守國歌奏唱禮儀，等等。訂立《國歌法》是引導、加強港人特別是學生、年輕人對國歌、國家的尊重，絕不是為了箝制港人的言論自由、思想自由，更不是特意要立法來懲罰市民。

　　過去，曾經有年輕球迷在賽事上作出對國歌不禮貌的行為，影響了香港的國際形象，其實也是損害香港年輕人自己的形象，用年輕人的話來形容：「醜出國際」，這是很可笑可卑的行為，更令人痛心，反映香港有部分年輕人未能正確認識國歌、認識國家民族歷史的結果。

　　眾所周知，中華人民共和國國歌又名《義勇軍進行曲》，誕生於抗日戰爭時期，把《義勇軍進行曲》定為國歌，就是為了喚起人民回想祖國創建過程中的艱難憂患，鼓舞人民發揚反抗帝國主義侵略的愛國熱情，不忘國恥，奮發圖強。這與法國以《馬賽曲》作為國歌有異曲同工的作用。

　　香港的年輕人生於和平盛世，享受安逸的生活，難以感受國破家亡的苦難。因此，認真學習國歌的歷史和背後傳遞的精神，更有迫切性和必要性。按照《國

2017年8月19日，主持由九龍社團聯會舉辦的「一地兩檢」
分享會，李家超先生擔任分享嘉賓。

歌法》的要求，對市民、學生普及國歌的歷史及其精神，就可輕而易舉地知道，
今年 DSE 歷史考題有關「日本侵華利大於弊」試題的荒謬；就可以知道，在修例
風波中，有人高舉外國國旗、叫囂「港獨」口號是多麼的離經叛道。

　　不尊重自己的國歌，不愛護自己的國家民族，這樣的人和社會是沒有前途的。
「港獨」只會給香港帶來災難，外部勢力不會也不可能真心希望香港好，只會把
香港當作反中亂港的棋子，世界上不少發生「顏色革命」的國家和地區，其慘痛
教訓足以警醒港人。

　　香港市民、年輕人不要淪為被別人利用的棋子，珍惜今天的幸福生活，更好
地融入國家發展大局、把握國家發展機遇，香港能保持長治久安，首先要從認真
頌唱國歌開始，全面深入了解《國歌法》立法的意義，培養對國家民族的感情。
要做好這些工作，教育局、學校、愛國愛港社團都責無旁貸，應在學校的早會、
大型公眾活動設奏唱國歌的儀式；中小學、愛國愛港社團更應在校園、社區定期
舉辦多元化、具吸引力的推廣國歌和《國歌法》的活動，春風化雨，潤物無聲，
讓《國歌法》深入民心。

2020-06-15 香港文匯報 A11 文匯論壇

推遲立法會選舉　合法合情合理

2019年10月8日，主持新聞發布會，公布市民對2018-2019年度《施政報告》看法的民意調查，向特區政府反映社情民意。

　　特區政府昨日宣布推遲立法會選舉一年。本港疫情持續惡化，近一周內每日的確診個案過百，連內地防疫專家鍾南山都指出，本港疫情已在社區傳染，正處於拉鋸戰。在此情況下，集中精力防疫是本港當前頭等大事。因此，為免加劇病毒在社區擴散、保障市民健康安全及選舉公平公正，特區政府決定推遲立法會選舉理性必要，做法合法合情合理，有利保障市民安全健康，對市民負責，是有擔當、敢作為的表現，相信大多數市民也支持特區政府的決定，讓政府和社會各界專注防疫抗疫，避免受到政治化的干擾而令疫情惡化。

雖然政府已進一步收緊防疫措施，包括落實食肆更嚴格限制，但從疫情走勢判斷，短期內疫情很難明顯好轉。而新一屆立法會選舉投票日在 9 月 6 日，距今只有約 40 天時間，能在保障市民健康安全的前提下進行選舉的可能性極低。有衞生防疫專家指出，市民要進行「社交戒嚴」，減少外出，才能徹底紓緩疫情。而早前反對派搞非法集會和違法「初選」，有不少醫學界人士認為，本港新一波疫情爆發，與這些非法活動、引致人群聚集時間吻合。可以預料，若繼續進行選舉，競選工程正式開展，拉票活動進入白熱化，不可避免出現人群聚集的情況，勢必大大增加病毒散播的風險。為盡力降低疫情社區傳播的風險，不要出現感染人數幾何級數增加的危機，推遲選舉是明智、保障市民健康的抉擇。

事實上，本港確診個案連續 10 日破百，顯示儘管政府收緊防疫措施，但疫情未見緩和，需要盡快推行全面免費檢測，盡快找出隱形患者、盡快隔離、盡快醫療。但是本港檢測能力、醫療病牀、醫護人手不足，有數百確診者仍未能入院，不能不令人擔憂疫情惡化。要解決防疫的燃眉之急，需要特區政府和社會各界共同努力，排除干擾，投放更多精力和資源用於抗疫，特別是要主動爭取中央支持，協助本港抗疫，特別是馬上在短時間內進行全民檢測，排查出隱形傳播者，切斷病毒傳播鏈。有關防疫工作不能再拖，更不能因為政治爭拗而受到阻礙。

因應防疫的現實需要，延後選舉已成全球普遍現象。據國際組織 International Institute for Democracy and Electoral Assistance（IDEA）統計，自 2020 年 2 月 21 日至 7 月 15 日，全球至少有 67 個國家或地區，因新冠肺炎疫情決定推遲全國或地方選舉，其中至少有 23 個國家和地區決定推遲全國大選和公投；波蘭總統選舉已決定無限期延遲；原定今年 5 月舉行的英格蘭地方選舉，推遲一年至明年 5 月舉行。疫情肆虐，推遲選舉是國際主流取態，符合科學，不存在損害選民選舉權利的問題。另一方面，有數十萬身居外地的港人因防疫限制而不能回港投票，如果照常選舉，這些港人變相「被剝奪投票權」。因此，推遲選舉，待疫情穩定後復辦，才是真正維護選舉的公平公正。

2020-08-01 香港文匯報 A11 文匯論壇

回歸憲制秩序　重建經濟民生

　　全國人大通過完善香港選舉制度的決定，這將有利於香港全面貫徹「一國兩制」、「港人治港」、高度自治的方針，維護國家主權、安全、發展利益。採取「決定＋修法」的方式，通過調整和優化選舉委員會的規模、組成和產生辦法，繼續由選舉委員會選舉產生行政長官，並賦予選舉委員會選出立法會議員和提名立法會議員候選人的新職能。通過選舉委員會擴大香港社會均衡有序的政治參與和更加廣泛的代表性，對有關選舉要素作出適當調整，同時建立全流程資格審查機制，可以形成一套符合香港實際情況、有香港特色的新的民主選舉制度。

　　近年來香港虛耗在政治爭議中，以致很多民生關注的問題，例如住房、醫療，未能得到解決，經濟發展嚴重受損，鄰近的深圳發展早已經超越香港。2019 年攬炒派推動街頭黑暴，讓香港陷入連續多月的暴亂，市民生命財產無法保障，亂象反映香港選舉制度存在明顯的漏洞和缺陷，給反中亂港勢力奪取香港管治權提供了可乘之機。

　　堵住香港選舉制度漏洞，有利於確保「愛國者治港」。反中亂港勢力策劃並實施違法的所謂「初選」，攬炒派通過立法會等渠道公然干預香港事務、實施粗暴「制裁」，為香港反中亂港勢力撐腰。這些行為和活動，嚴重損害香港法治和社會穩定，危害國家主權、安全和發展利益。

　　香港實行的選舉制度是香港政治體制的重要組成部分，應當符合「一國兩制」方針，符合香港實際情況，確保「愛國者治港」，有利於維護國家主權、安全、發展利益，保持香港長期繁榮穩定。

　　只有做到「愛國者治港」，中央對特別行政區的全面管治權才能得到有效落實，憲法和香港基本法確立的憲制秩序才能得到有效維護，香港才能實現長治久安和社會繁榮。

2021–03–12 香港文匯報 A20 文匯論壇

終結政爭　聚焦發展

2021年9月13日，主持解讀《橫琴粵澳深度合作區建設總體方案》及《全面深化前海深港現代服務業合作區改革開放方案》研討會。邀請了全國政協副主席梁振英先生，全國港澳研究會會長、港澳辦前副主任徐澤先生，香港特區財政司司長陳茂波先生，澳門特區經濟財政司司長李偉農先生作分享。

　　全國人大常委會修訂基本法附件一和附件二，是貫徹落實「決定＋修法」決策部署的關鍵步驟，是繼2020年制定實施香港國安法之後，堅持和完善「一國兩制」制度體系，從國家層面推動香港完善發展的又一重大舉措。

　　修法擴大了選委會規模，由1200人增至1500人，界別由四大界別增至五大界別，由38個界別分組增加到40個，部分界別分組根據實際情況進行了優化調整，確保了「一國兩制」、「港人治港」、高度自治的方針全面準確貫徹落實，維護國家主權、安全、發展利益，保持香港長期繁榮穩定，香港管治權牢牢掌握在愛

國愛港力量手中。

　　每一個國家都會要求治理者愛國家。香港是中國的一部分，不愛中國，不愛香港，怎麼能治理好香港？鄧小平先生說「一國兩制」、「港人治港」前提是以愛國者為主體。國務院港澳辦主任夏寶龍重申「愛國者治港」這一原則。香港回歸初期，很多香港人不明白「一國兩制」真正的含義，「一國」是前提，沒有「一國」就沒有「兩制」。

　　近幾年，香港立法會裏吵吵鬧鬧，是由於別有用心的反對派，企圖利用選舉制度漏洞顛覆香港，導致很多涉及民生的議題根本沒法推進、沒法討論，特區政府提出很多議案也無法通過。

　　2017 年由深圳市政府和香港特區政府簽訂的港深發展河套區備忘錄，協議共同發展港深創新科技園。這本來是對香港經濟發展的一個重大利好政策，但由於反對派一直不通過撥款，致白費時間，河套地區一直未能發展，直至去年反對派「總辭」，才能夠在立法會獲得撥款通過。

　　如果任由反中亂港分子繼續利用香港選舉制度的漏洞，將令香港社會付出沉重代價。所以我們要在社會多做宣傳，講清楚治港的底線，落實「愛國者治港」原則，把選舉制度漏洞堵塞住，才不會給人有走灰色地帶的遐想。

　　香港一直糾纏在政治爭拗，完善選舉制度有助提升特區政府管治能力，我相信在新的選舉制度下，特區政府可以專注改善民生、發展經濟，國家安全及發展才能夠得到保障。本人堅決支持全國人大完善選舉制度，絕不能再允許參政者以任何理由勾結外國勢力、公開破壞國家主權和領土完整，必須要讓反中亂港者出局。

2021-04-02 香港文匯報 A17 文匯論壇

摒除政爭加速發展
完善選制利港利民

　　中央從國家層面完善香港選舉制度，有關完善選舉制度的本地立法也開啟，香港朝着撥亂反正、重回正軌的方向穩步邁進。由 2014 年的「佔中」、2019 年的黑暴、衝擊立法會等等事件，太多的事實、經驗證明，香港必須構建符合自己實際情況的政治制度、選舉制度，摒除無休止政爭，才能擺脫發展的枷鎖急起直追，才能避免內耗蹉跎。此次完善選舉制度，重構選委會、立法會，令選舉制度更具廣泛代表性，基層市民的意見和利益能獲得更多更好的照顧，本地立法對選舉安排作出多項優化，這些都是與時俱進、回應社會關切、大勢所趨的體現，讓香港各界、廣大市民更相信、支持新選舉制度早日落實，給香港帶來良政善治的新局面。

　　香港由於選舉制度存在缺陷，導致立法會乃至整個社會都高度政治化，任何有利香港經濟、民生發展的政策措施都遭到沒完沒了的爭論，議而不決、決而不行。河套區科技園就是典型例子之一。2017 年，港深兩地政府簽署合作備忘錄，發展河套創新科技園。但是，項目的早期營運開支撥款在立法會經過討論又討論，直至今年 2 月才通過。科技發展一日千里，不少社會人士擔憂，河套區發展可能已錯過最佳時機。河套區的例子是香港被政治化拖累的縮影，更證明香港完善選舉制度，理順行政立法關係，提升管治效能，正當合理、勢在必行。

基層社團及時準確反映民情

　　此次完善選舉制度，選委會、立法會的規模都大幅增加，拓展了市民的政治參與度。選委會調整了界別組成，優化了產生方式，更具廣泛代表性，更好體現均衡參與，更能代表香港社會整體利益。特別是取消區議會的選委議席，增設分區委員會、滅罪委員會、防火委員會及基層社團，這樣的安排既有利於區議會去

政治化、回歸服務民生的定位，同時又能發揮基層社團了解市民、熟悉社區的優勢，基層社團可以更有效地扮演聯繫政府和市民的橋樑，以利政府及時準確把握民意民情，有針對性地解決民生困苦，讓市民獲得更多獲得感、幸福感，實現政府、市民、基層社會共贏。

　　完善選舉制度的本地立法已經展開，在有關的條例草案中對選舉制度作出多項優化，包括增設「關愛隊」、採用電子選民登記冊、委任社會人士進入資格審查委員會、增加對選舉依法規管，這些優化調整，都是保障選舉合法、公正、公開、公平的必要舉措。立法會不同政團、社會各界均表示，完善選舉制度，確保「愛國者治港」得到有效落實，讓香港可以集中精力發展經濟、改善民生，為解決香港土地房屋等深層次矛盾創造條件。

完善選舉制度勢不可擋

　　中聯辦主任駱惠寧在「全民國家安全教育日」致辭指出，當前，維護國家安全，就一定要全面準確有效地貫徹全國人大「311 決定」和全國人大常委會「330 修法」，堅決落實中央全面管治權，堅決捍衛特區政權安全。在涉及國家主權安全和市民根本福祉的大是大非面前，直面問題、解決問題，才是「愛國者治港」成色的最好體現。基層社團將積極與社會各界、廣大市民共同努力，以愛國者的承擔和負責，為完成本地立法、完善選舉制度提供堅實的民意基礎。

2021-04-17 香港文匯報 A14 文匯論壇

新篇章　新秩序

5月27日，香港特別行政區立法會審議通過《2021年完善選舉制度（綜合修訂）條例草案》，標誌着完善香港特區選舉制度涉及的本地立法工作全面完成。這是依法治港、撥亂反正的又一重大制度成果，「愛國者治港」從此有了制度保障。一個新篇章自此開啟，一個新秩序從此建立。我們期待並相信，香港將迎來良政善治。

愛國愛港是共同價值追求

新的選舉制度與香港國安法以及公職人員宣誓效忠等制度一道，進一步確立了「愛國者治港」新秩序。在這一新秩序下，「愛國愛港」成為治港者共同的政治理念和價值追求。參與治港的公職人員，都必須堅定擁護「一國兩制」方針和基本法，尊重特別行政區憲制秩序，尊重中央全面管治權，自覺維護國家主權、安全、發展利益和香港的長期繁榮穩定。這是一道「政治達標線」，是起碼的標準。

在這一新秩序下，危害特別行政區政治穩定和政權安全的種種亂象會得到有效治理，香港民主政制將在健康有序的軌道上穩健發展。曾經令我們忍無可忍的議會鬧劇、街頭暴力一去不返，香港將迎來天朗氣清。

在這一新秩序下，香港特別行政區的治理效能會得到明顯提升，人們期盼的良政善治有了堅實保障。新制度的確立，也是對特區治理者的考驗。

考驗之一：如何有效落實新選舉制度？確保即將舉行的香港特區選舉委員會選舉、立法會選舉、行政長官選舉順利有序進行。人們拭目以待。

考驗之二：如何體現良政善治？管治團隊要好好作為，好好施政，為官不避事，為官要做事。下大力氣解決土地房屋等深層次矛盾，才能上對得起中央的良苦用心，下對得起香港普羅大眾的殷殷期盼。

考驗之三：如何體現「國之大者」？成大事者，必有大視野、大格局、大情懷。器局狹小者，縱有超凡之才，亦難成其大，正如蘇軾感嘆賈誼之悲，「賈生志大而量小，才有餘而識不足也。」

要善於觀大勢順大潮。登高望遠，審時度勢。有了觀察世界的「望遠鏡」、「顯微鏡」，才能正確分析形勢，科學預見未來，透過現象看本質，洞幽察微、胸有定見。

治理者要善於觀大勢順大潮

要善於謀大局做大事。不謀全局者難以謀一域。要對世界大勢、國之大事心中有數，以宏大視野觀全局、察形勢、謀發展。防止和克服只見樹木不見森林、只看當下不顧長遠、只重局部忽視全局的「短視症」，把可能引發系統性全局性風險的矛盾和問題解決在基層、消弭於未萌。

要想大眾獻大愛。要心中始終裝着民眾、真誠為民眾。所謂「港人治港」，就是把更好滿足 750 萬市民日益增長的美好生活需要，作為治理者施政的出發點和落腳點。民心是最大的政治，也是治理好特區的關鍵。

2021-05-29 大公報 A12 慧言真語

什麼才是香港核心價值

港人常講香港核心價值，但對於什麼是香港核心價值，長期以來並沒有統一權威的定義。一直以來，反對派搶先建構出一套以自由、民主、人權、法治為要素的所謂「香港核心價值體系」，並通過媒體等各種方式影響了多數市民，令許多人都對這一套論述深信不疑，並不覺得這些要素有何關鍵缺失。

某大學自 2014 年起持續開展一項有關香港核心價值民調，提供十一個選項，包括自由、民主、法治、公正廉潔、多元包容、公平競爭、市場經濟、和平仁愛、追求社會穩定、保障私人財產、重視家庭責任。這些選項從本意講都是好詞美義，若真正按此落實，那也不錯。但可惜的是，看看香港近些年的社會現象和問題，再看這些選項，不由得汗顏——有些選項與實際情況簡直大相逕庭，甚至頗為諷刺。比如，所謂自由，從黑暴的破壞行為到疫情期間對待檢測、打疫苗的態度，部分港人自由任性到極致，已經異化為自私自殘了；所謂法治，這幾年「違法達義」的案例比比皆是。前不久香港區域法院依法判決黎智英等 10 名罪犯有期徒刑。審判結束後，主審法官三度接到恐嚇電話威脅其和家人安全。這類行徑已經不是第一次了，甚至屢見不鮮。說好的尊崇法治呢？所謂和平仁愛，黑暴期間的打砸燒傷人行為還有仁愛和平可言嗎？所謂追求社會穩定，這幾年動盪不安人所共憂……

再仔細琢磨，所謂核心價值，為什麼沒有體現一個公民對國家的義務責任？「愛國」為什麼長期被排除在香港核心價值之外？

從普遍意義來講，「愛國」是作為公民天經地義的政治倫理。正像我們要愛自己父母、認自己祖宗一樣。父母生你養你，你與他們有了不可改變的血緣關係。同理，人與國家也是一種天然的血緣關係，國家給了你特定的種族遺傳、生活基礎、社會關係、價值觀念、文化修養。將「愛國」納入香港核心價值觀，就是要教育港人特別是青少年：對自己的母體——父母和祖國的回報，屬天理良心，是

最高又是最起碼的道德標準，無論哪個民族，概莫能外。烏鴉反哺，羊羔跪乳，動物且然，況於人乎？

從「一國兩制」事業長遠發展來看，對「一國兩制」的最大尊重，就是「愛國」。香港社會近年異常撕裂分化，但「一國兩制」方針始終為絕大多數港人所擁護。為保證「一國兩制」行穩致遠，必須確保「愛國者治港」。只有將「愛國」納入香港核心價值，才能確保愛國者代代相傳、後繼有人，確保德才兼備的治港人才薪火相傳。

習近平主席 2019 年視察澳門時，高度評價澳門「一國兩制」實踐的亮點，第一條就是「愛國愛澳成為全社會的核心價值」，充分肯定澳門回歸祖國後堅定地把愛國愛澳排在核心價值的第一位。這對香港亦有指導意義。

香港必須改變「愛國」在社會主流話語體系和核心價值體系中長期缺位現象。一要將「愛國」納入香港核心價值的首要元素，統領和建構新的價值觀和道德論述，理直氣壯地講，光明正大地做。二要用愛國理念要求整治管治團隊。治港者必須首先是愛國者。管治團隊既要剔除那些搞硬對抗的人，更要提防嘴上喊「愛國」、手下搞軟對抗的人。三要從娃娃抓起，政府主導推動愛國知識進校園進社區社團，增強市民特別是青少年對國家的了解，提升國家認同。

2021-06-10 香港文匯報 AA03 人民政協建言獻策

轉變治理理念 推動香港大發展

在中央的主導下，香港社會開啟由亂及治、由治及興的重大轉折，市民和社會各界對提高特區管治效能、實現香港良政善治有了更高的期待。迫切需要打造一支愛國忠誠、擔當作為、管治能力強、社會認受度高，以及善於破解香港深層次問題的特區政府管治團隊。

中央一直對香港厚愛有加，多次強調「發揮香港所長，服務國家所需」，對香港賦予重託。香港在國家改革開放 40 多年進程中，也確實發揮了重要作用。國家主席習近平高度評價說：「香港同胞一直積極參與國家改革開放和現代化建設，作出了重大貢獻。對此，中央政府和全國人民從未忘記。」他指出，改革開放以來，港澳同胞和社會各界人士發揮的主要作用，包括投資興業的龍頭作用、市場經濟的示範作用、體制改革的助推作用、雙向開放的橋樑作用、先行先試的試點作用和城市管理的借鑒作用。改革開放，港澳同胞是見證者也是參與者，是受益者也是貢獻者。

世易時移，在百年未有之大變局之際，世界在變、國家在變，香港在變但也沒有變。香港之變化，在於社會局面的改變，有了國安法，香港終於迎來社會穩定；香港之變化，在於選舉制度得到完善，社會終於不再撕裂折騰，放下「泛政治化」紛爭，開始聚焦經濟民生，開始對教育、傳媒等領域長期存在的問題進行糾偏校正。可惜，香港也有該變而未變之處：傳統經濟優勢相對減弱，新的經濟增長點尚未形成；治理模式一成不變墨守成規；治理思路缺乏長遠規劃、「國之大者」意識有待提高，等等。

回望國家，幾十年來發展日新月異，令世人驚嘆。中國制度、中國模式一枝獨秀。香港承「一國」之優，行「兩制」之便，在「發揮香港所長，服務國家所需」的同時，亦應樹立「學國家所長，補香港所需」的意識。比如，國家一切為了人

民的理念、舉國辦大事的動員能力、善於着眼未來謀劃長遠的前瞻力、敢於與時俱進自我革新的勇氣魄等等，都值得特區治理學習借鑒。

我們的國家以人民所需所盼為出發點落腳點，全心全意打造人民美好生活；我們的國家善於擘劃長遠，五年一規劃，一張藍圖幹到底，一代接着一代幹；我們的國家敢於自我加壓、自我革新，不斷給自己出答卷、寫答卷，以「趕考」永遠在路上的真誠努力，致力於民族復興、人民幸福。

正因為有這樣的執政黨，我們的國家積累了舉國辦大事的動員力。比如去年武漢遭遇突如其來的疫情，前往支援的醫護人員達 3.2 萬人，其中解放軍醫護人員就有 4000 多名。萬眾一心，經歷 76 天的封城，終於取得戰略性勝利。人們說「全世界最好的武漢，被全世界最好的人守護了」。

再比如面對貧困這一人類社會的頑疾、古今中外治國安邦的大事，我們國家自 2012 年以來，把脫貧攻堅擺在治國理政的突出位置，作為全面建成小康社會的底線任務，組織開展了聲勢浩大的脫貧攻堅人民戰爭。8 年累計選派 25.5 萬個駐村工作隊、300 多萬名第一書記和駐村幹部，同近 200 萬名鄉鎮幹部和數百萬名村幹部一道奮戰在扶貧一線，披荊斬棘、櫛風沐雨，其中 1800 多名幹部獻出了生命。終於達至現行標準下 9899 萬農村貧困人口全部脫貧，832 個貧困縣全部摘帽，12.8 萬個貧困村全部出列，創造了彪炳史冊的人間奇跡。類似這樣的事例很多。

大時代大變局中，香港的治理理念是否也應有所轉變？體現市民的所思所盼、解市民的所憂所慮？比如改變按部就班的節奏和模式，以市民住房醫療等民生問題作為攻堅專項，千方百計加以解決；比如面對修例風波、疫情等突發事件時，動員一切可動員的人力物力，有所統籌，有所配合，有所分工，集中力量處理；再比如，官員如何培養大格局、大眼界？在落實「十四五」規劃時，也要學習並思考香港如何進行中長遠規劃，如何培育新的發展增長點？

改變政府治理觀念模式，學習國家所長，補香港之短——既是市民所盼，更是香港發展新時代「一國兩制」實踐所需。

2021-09-11 大公報 A12 慧言真語

落區有必要　更需常態化

2021 年 9 月 11 日，與陳馮富珍女士落區接觸市民，了解少數族裔婦女生活及就職需求。

　　上周我參加了四場落區活動，兩場在街頭，兩場在社區。其中社區活動是我自選的，特意找了一個少數族裔聚居區，和探訪一些新來港人士及單身家庭，傾聽他們的訴求。

　　那兩天天氣格外悶熱，氣溫高達 35℃。我從上午十點一直站到下午一兩點。正午時分，太陽直曬頭頂，滿頭大汗。回到家沖完澡，飯都沒有吃，倒頭就睡，足足睡了半天。雖然辛苦，但收穫滿滿，感觸頗深。

　　九龍地區一直是我服務的地方。除了先後在九龍社團聯會擔任理事長、會長

之外，我還曾擔任過九龍城區議會的區議員。前幾年，我不斷家訪，曾經到訪一些劏房住戶。記得有一家五口，有老有小，住一個很小的房間，條件極差。當時我覺得要解決香港貧窮問題，最大的事情就是幫助他們「上樓」。中央再三強調要把香港市民住房作為第一件大事來做，確實真正了解香港老百姓的心聲。特區政府應牢固樹立對中央負責、對市民負責的意識，下大力氣、加快效率，從市民迫切需求的「上樓」入手，聚焦民生、聚焦發展，徹底解決貧窮問題。

九龍城還有一個特點，少數族裔比較多。此前我曾組織少數族裔小朋友和家人一起到大嶼山參拜大佛。那些小孩同我們一起聊天唱歌，我才了解到，他們不但會自己的母語，連普通話、廣東話都講得很流利。有個小孩子用普通話唸了一首「床前明月光」，非常標準流利，感覺他們已經完全融入了中華文化。他們又用筆在身上畫具有自己民族特色的花紋圖案，也給我們畫。這種文化交流非常成功，他們也表示很喜歡中國、喜歡香港。這次到社區，幾位少數族裔人士再次告訴我們，香港很安全，沒有戰亂、沒有種族歧視、沒有威嚇，他們願意留下來做好工。

這次落區，也有市民起初不願接我們的單張，有的甚至惡言惡語。但我想：市民有怨氣，說明他們心裏委屈，不是針對個人的恩怨，他們無處宣洩，衝我講也無妨。我臉上始終帶着笑容，耐心聽他們抱怨。慢慢地，他們的語氣和緩下來，開始聽我講。我說：「這次中央完善香港選舉制度，就是希望香港安靜下來，專心致志做市民關注的事情。你們剛才所講的，正是中央指示特區要大力解決的，也是我們作為選委要努力推動政府、監督政府去做的事。你們的訴求我能理解，也願意與大家一起努力。」最後大家互相招手道謝時，他們的語氣和眼神已經十分友善。香港市民還是淳樸可愛的。

也有一些年輕人，見到我們一臉冷漠，對遞過去的單張視而不見。不能責怪他們。香港政治爭拗太久，爭來爭去，不僅白白耗費口舌，也浪費了時光。讓市民一次次期待，又一次次失望。相信選舉制度完善後，香港能夠放下紛爭，真正辦幾件好事、實事，讓市民、讓年輕人有所得、有所感，不再失望。

2021 年 9 月 15 日，探訪黃大仙區弱勢社群及單親家庭，聽取她們的所需和面對的困難，以提供幫助。

　　作為選委會當然委員，既是中央的信任，更是我們的責任，是重擔。敦促我們每個人思考香港問題所在，提出解決辦法，督促政府切實執行、定時回應；敦促我們推動香港實現良政善治，共同努力達至中央所願、香港所需、市民所盼。

　　同行的陳馮富珍大姐與我同感：落區實有必要，更需常態化。

2021-09-17 點新聞

新選舉，新希望

9 月 19 日，2021 年香港特別行政區選舉委員會界別分組一般選舉完成，1448 名新一屆選委會成員順利產生。這是中央完善香港選舉制度之後，首次選委會選舉。從街頭和市面看，從早到晚持續 9 個小時的投票過程，平靜有序。從選民投票率看，4889 名選民當中，共有 4380 名參加投票，投票率達 89.59%。比起 2016 年選委會選舉的投票率 46.53%，大幅增長近一倍。

雖然我已經是第五界別當然選委，但作為普通市民，仍然十分關注是次選舉。總的感覺，三個「安」：

一是安全。人們記憶猶新，上次全港性選舉是 2019 年 11 月所進行的區議會選舉。當時黑暴肆虐，社會氛圍高度對立，空氣中都彌漫着擦火即燃的緊張味道，市民去投票戰戰兢兢。有的市民說，以前投票時會考慮去哪個票站，家人也會陪同。2019 年 11 月區議會選舉更是不敢去投票，「因為太亂了，太危險了」。此次投票很安全，家人放心讓他一個人過來。許多選民認為這要感謝中央出台國安法，讓香港有了一個安全的局面和社會氛圍，國安帶來了港安、民安。並且只有堅守「反中亂港者出局」這一底線，堅持「愛國者治港」這一根本，香港才會徹底安下來、好起來。

二是安靜。沒有無謂的吵鬧，沒有蓄意的滋擾，沒有辱國忘祖之流搗亂挑釁，一切都在陽光下法治下，文明有序，公開透明。這才是香港作為一個法治社會應有的樣子，這才是「一國兩制」之下民主應有的樣子。同時，新的選舉制度下，企圖混進香港管治團隊中的顛覆者、鬧事者和偽裝者掃地出門，也會還給市民一個清朗的政治環境。

三是安心。本次選舉是落實「愛國者治港」的首場選舉。當選者中，我們看到了許多新面孔，主要是增加了年輕選委、基層代表。這使得基層和青年人在行

政和立法中的話語權上升，倒逼特區政府施政要盡可能地照顧到他們的利益，如採取多種措施加強住房等保障。這樣更有利於維護社會公平，長遠來看，也可以逐步減少香港社會的貧富差距。

我們也期待並相信，新一屆選委在確保是堅定愛國者的前提下，能夠展示較好的管治能力，善於在治港實踐中全面準確貫徹「一國兩制」方針、善於破解香港發展面臨的各種矛盾和問題、善於為民眾辦實事、善於團結方方面面的力量、善於履職盡責，呈現多元化、專業化、重能力、少紛爭的參政議政新氣象。

新一屆選委會成員誕生了，也給市民帶來了新希望。919，8959，這些數字似乎是一個好意頭，寓意着香港安定發展長長久久，「一國兩制」行穩致遠長長久久。

2021-09-20 點新聞

居者有其屋，社會更和諧

2018 年 9 月 22 日，於九龍社團聯會主辦的「改革開放四十周年巡迴圖片展」場內，向時任香港特區行政長官林鄭月娥女士介紹國家改革的歷程和成就。

　　住房貴、住房難、住房小是香港民生之痛。從人均 GDP 看，香港去年達到 4.67 萬美元，穩居全國城市第一，達到高度發達經濟體水平，但與此同時，香港也是全球樓價最貴和人均居住面積最小的地區之一。以人均居住面積計算，香港僅為 15.8 平米，遠低於上海（24.2 平米）、深圳（27.9 平米）、新加坡（30 平米）等亞洲其他大城市水平。香港現時還有大約 21 萬人住在劏房，人均居住面積僅 3.5 平米；有 25 萬宗公屋申請，一般申請者平均輪候時間長達 5.8 年。盡快解決住房難題，已經成為香港社會的共識和香港市民最迫切的訴求。

要解決住房問題，必須增加土地供應。與一般人認為香港地少人多的印象大相徑庭的是，香港富餘土地並不少。香港土地面積約為 1106 平方公里，目前已開發的土地僅佔四分之一，其中住宅用地僅佔全港土地的 7%。佔香港土地面積 40% 的郊野公園受《郊野公園條例》保護，開發利用需要立法會修例。另外約有 50 平方公里新界農地，開發利用空間很大，當中約 10 平方公里農地由幾大地產商持有。

地產商作為重要持份者，他們有能力也有意願在土地供應上扮演更積極的角色。2019 年新世界發展就曾宣布捐出 300 萬平方英呎農地給社會，包括給政府興建公屋。幾家大地產商都表示願意配合特區政府提出的「土地共享先導計劃」，支持政府引用《收回土地條例》收回農地，這也顯示他們有協助政府解決重大民生問題的誠意。特區政府應當制訂政策，創造條件，支持鼓勵相關企業積極回饋社會，共同解決土地房屋問題。

目前拖慢土地房屋開發進度的一個重要原因在於審批慢。以農地改為住宅用地為例，審批程序極為繁瑣，需要經歷兩輪審批，且每輪審批均涉及地政、交通、環保、渠務等十多個部門，所需時間漫長且重複，成功改劃的平均時間長達七年以上。從生地到熟地再到建樓最長達十年，一些樓宇項目要進行舊區改造或申請改變用途等，動輒需時數年以至十年也未必能成功。這樣的辦事效率當然不能令人滿意，破除制度性障礙、簡化開發流程已經刻不容緩。有消息說特區政府正在研究重組政府架構，避免「政出多門」，其中一個選項是分拆運房局，將目前的運輸及房屋政策各歸一局專責，以加強土地房屋的協調。我們樂見其成。

從長遠來看，填海造地是增加土地供應的重要途徑。香港現時約有 6% 的土地來自填海，屯門、大埔、荃灣、將軍澳等 6 個新市鎮都是大規模填海建設的，香港未來發展仍然需要通過填海創造更多土地儲備。發展局局長黃偉綸近日表示，2027 年可以開展中部水域人工島填海工程，2030 年會有第一批土地供應作興建房屋，首批居民有望在 2034 年入伙。我們支持「明日大嶼」計劃，同時希望特區政府能夠加快推進步伐，不要讓等待上樓的市民望穿秋水。中聯辦主任駱惠寧不久前在國家「十四五」規劃宣講會上說，「市場經濟，競爭激烈，不進則退，慢進

也是退」，值得深思。

　　中央政府對香港土地房屋問題高度重視。韓正副總理在今年全國兩會上特別強調，「解決香港住房問題，難度是很大，但總要有開始的時候」。全國政協副主席夏寶龍今年7月談到對香港的「四大期盼」，當中就包括希望香港住房問題得到極大改善，將來告別劏房、「籠屋」。我們高興地看到，特區政府正在積極行動，期待林鄭月娥行政長官在10月份發表的施政報告中拿出一個更系統全面的解決方案。

　　在剛剛結束的香港選舉委員會選舉中，建設力量佔據了絕對優勢，市民和社會各界對提高特區管治效能、開啟良政善治有了更高的期盼。過去由於政治爭拗、議會內耗，導致政府很多政策與改革寸步難行。中央主導制定香港國安法、完善特區選舉制度，為香港解開了政治困局，香港開啟由亂及治、由治及興的重大轉折。在此情況下，特區政府應有足夠的決心、勇氣和能量去處理土地房屋等深層次問題，為廣大市民創造更加美好的生活。

　　「種一棵樹最好的時間是十年前，其次是現在。」現在就是香港解決住房問題的最好時機。

2021-09-28 點新聞

落區，為誰落？誰來落？怎麼落？

2021年9月12日，於油尖旺社區收集民意，支持落實「愛國者治港」推動良政善治。

　　國慶期間，一個詞在香港街頭巷尾和報章媒體傳開——「落區聆聽」。一群講着普通話的人，在悶熱的天氣裏，登漁船、看農莊、跑工地、訪商舖、走社區、進劏房，跑得滿頭大汗，衣服濕透。

　　一些終日在海上以捕撈為生的漁民，一些默默無聞、埋頭生計的小商販，一些在劏房苦捱嘆息的底層市民，一些在工地辛苦勞作的建築工人……勞作之餘，不經意間迎來了這些看似陌生又似曾相識的人，他們問生計，聽民意，噓寒問暖，親切又和氣；他們素昧平生，卻令人覺得毫無距離感生疏感，滿滿的真誠善意，富有同情心、人情味。很快，許多港人知道了——他們是來自中央駐港機構的官員和幹部，他們用自己的腳步和言行，用真情真心，傳遞中央對香港普通市民

2021 年 9 月 12 日，於深水埗社區收集民意，支持落實「愛國者治港」推動良政善治。

的關懷，表達對香港民生的關切。

　　在中國共產黨的執政理念中，一切為了人民是核心理念。「人民至上」在這個百年大黨的歷史上始終是一以貫之的信條。鄧小平說「我是中國人民的兒子」，中共中央總書記習近平說「我將無我，不負人民」——這是領袖的「人民情懷」。

　　雲南華坪中學教師張桂梅扎根貧困地區 40 餘年，創辦全國第一所全免費女子高中，拖着病體忘我工作，幫助 1800 多名貧困家庭女孩子圓了大學夢。貴州遵義山區的農民支書黃大發，目睹村民備受缺水之苦，發誓「水不過來，我拿命去換」，帶領鄉親們歷經 36 年時間，靠着鋤頭、鋼釺、鐵錘和雙手，硬生生在峭壁懸崖間挖出一條 10 公里的「天渠」，結束了當地長期缺水的歷史，拔掉了「窮根」，現在村民每家的米都吃不完，還要賣大米。這是普通黨員的「人民情懷」。

　　正正因為這樣的「執政為民」理念，這個飽經滄桑的大國，才在建黨百年、

新中國成立 70 逾年後，有了今天舉世矚目的發展成就。

香港雖然實行資本主義制度，但民生問題同樣要緊。香港區區七百五十萬人口，貧困人數卻達一百萬，堅尼系數高達 0.539，在世界發達經濟體中最為嚴重。房屋問題更是嚴重，居者無其屋，劏房住戶逾二十萬。種種數字背後，是哀哀民生。心痛之餘，令人汗顏，實在不該是香港應有的樣子。

國家自 2013 年提出精準扶貧戰略，以舉國之力進行全世界規模最大的減貧工作。到 2020 年底，一億人口脫貧，8 年間平均每年 1000 萬人口脫貧，相當於一個半香港。值得香港鏡鑒反思。香港的自然條件，比起內地貧困地區，不知要好多少倍；香港的經濟基礎，也算家底豐厚。解決民困民憂，不是能不能的問題，而是想不想的問題。

作為香港的管治者，亦應樹立「以人民為中心」的施政理念，察民情，聽民聲，解民憂。市民們更期待特區政府官員也多到他們中間，走走看看聽聽，大家共同努力，解決香港民生問題。

2021–10–11 大公報 A10 慧言真語

全港齊心做好「頭等大事」早日恢復正常通關

　　國務院港澳辦發言人日前表示，內地與香港恢復正常通關工作正有序推進，並充分肯定香港疫情防控取得的積極成效。特首林鄭月娥昨日出席一個論壇時，也強調討論及專家對接都取得良好進展，希望可以很快帶來好消息。「通關」關乎本港的經濟民生持續穩定改善，影響社會和諧，是本港當前的「頭等大事」。在中央指導、特區政府和本港市民共同努力下，本港防疫工作漸入佳境，疫情趨穩，獲得中央肯定，與內地免檢疫通關有望。接下來特區政府要進一步完善防疫工作、全面對接內地的防疫標準，廣大市民更理解、支持、配合，與特區政府相向而行，構築更嚴密的防疫屏障，早日實現復常通關，令本港更好地融入國家發展大局、加快粵港澳大灣區共贏合作步伐。

　　盡快恢復與內地正常通關已成為港人目前最強烈的訴求。調查顯示，有96.1%的受訪者最希望恢復與內地和澳門的正常雙向通關，中評社報道亦指，本港市民對正常通關越期待，對控關就越不滿，對特區政府涉及恢復正常通關政策措施的焦躁感也就越強。中評智庫認為，香港是否有方法、有能力、有決心，能否嚴密對接內地防疫要求、早日有序恢復兩地正常通關、在極大程度上紓解民怨，就是一塊最見效的試金石。

政府有決心有能力為「通關」努力

　　兩地復常通關的前提，當然是本港防疫措施符合內地要求，全面對接內地防疫機制。中央高度重視恢復兩地正常通關的問題，一直與特區政府保持密切溝通，深入交換意見，兩地專家9月底在深圳舉行疫情防控工作對接會議，內地專家向本港提出從三方面加強防疫措施的要求，為本港做好防疫工作提供清晰指引；特區政府按照內地專家建議持續努力改善防疫工作，例如相繼收緊確診者出院標準、

大刀闊斧取消大部分豁免檢疫群組、向內地專家提交多個香港「健康碼」可行方案，同時本港的「安心出行」應用程式也加強使用，本月起進入政府設施強制使用「安心出行」。落實這些加強防疫的措施，正正顯示特區政府有決心、有能力為通關創造有利條件，順應民情民意，以行動回應市民的期望。

特區政府言行一致，以「復常通關頭等大事」為目標，採取嚴謹的防疫策略，堅拒「與病毒共存」，沒有因為一些外國商會的壓力而放鬆防疫限制，目前除低水平的輸入個案外，本港疫情已經受控多月，防疫成效有目共睹。港澳辦發言人亦讚賞香港實現了「動態清零」目標，復常通關終於見到曙光。

市民要積極支持配合加強防疫

「行百里者半九十」。越是復常通關在望，本港越要再接再厲，竭盡所能把防疫工作做到滴水不漏，特別要防範「防疫疲勞」導致疫情反彈。不可否認，進一步收緊防疫限制，對市民和有關業界帶來一定不便，例如政府街市強制使用「安心出行」，就令部分長者頗有微言；符合復常通關要求的眾多措施中，加強追蹤是最棘手的一環，有報道指內地強調用作過關的「港康碼」，必須實名登記及有使用者位址，可以預見，做到這一步，難免會因私隱問題引發爭議。

對此，特區政府一方面要耐心做好解釋工作，提供更多協助，消除市民的疑慮和不滿，另一方面要保持定力和決心，為復常通關迎難而上，加固防疫措施，之前推行強制檢測、打疫苗之初，同樣遇到不少阻力，政府從香港和市民的整體利益出發，擇善固執，堅持不懈，如今相關工作已順利推進。

背靠國家是香港最大優勢，融入國家發展大局是香港發展的大勢所趨、機遇所在，兩地早日復常通關，有利本港重振經濟民生、恢復兩地親情交往、促進社會和諧。本港和內地在防疫抗疫上已經成為「命運共同體」，市民要看清大勢，與政府齊心協力加強防疫，讓復常通關願望盡快達成。

踴躍參選 理性議政 全力為民謀福

2021年12月19日，香港特別行政區第七屆立法會換屆選舉。這是繼選舉委員會選舉後的第二場重要選舉，亦是落實「愛國者治港」原則、發展符合香港實際的民主、締造香港良政善治新格局的重要選舉。圖為王惠貞會長落區擺街站，為議員候選人加油打氣。

立法會選舉提名今天截止，報名參選反應熱烈。香港由亂及治，立法會亦重回正軌，行政立法關係形成良性互動，議事效率明顯提升，市民開始享受到摒棄政爭、聚焦發展的成果，也證明完善選舉制度下的立法會不是「一言堂」、「橡皮圖章」。選舉必然有競爭，有競爭才能有進步。市民都期望，有更多有識之士踴躍參選，保持選舉的競爭性，盡民意代表的職責凝聚最大社會共識，推動香港聚焦發展、為民謀福。

實施香港國安法、完善選舉制度後，立法會的亂象基本消失。在延長的一年

任期內，立法會順利處理多項積壓良久的條例草案，議會效率大幅提升。政務司司長李家超日前在電台節目表示，在上任司長後，首項重要任務是與立法會溝通，並指立法會在過去幾個月工作認真及效率高，包括在過去一年完成審議46條草案，本會期亦批出3200億元撥款。他指，留意到立法會與政府有共同意願為香港做事，有別於以往的「破壞年代」、「癱瘓議會」及「令『一國兩制』成功打折扣」的年代。

議會回正軌市民受惠

立法會通過的法案和撥款數量創歷年新高，另一方面，一些具爭議的法案，如引入海外醫生、劏房租管等，在採納議員意見後獲得通過，反映行政立法關係重回正軌，但議會不是對政府唯命是從的「舉手工具」，行政立法以以民為本、為民謀福為出發點，合作服務市民，證明完善選舉制度後，香港的民主政制朝着優質民主方向前行，符合香港的整體利益，也符中央和港人的期望。

完善選舉制度後的首場立法會選舉啟動，社會各界、廣大市民期望新一屆立法會進一步發揚理性議政、推動香港進步的新風氣，保障市民分享更多新制度新發展的紅利，這更需要來自不同階層、界別的代表踴躍參選，由選舉過程開始，向公眾收集不同意見和訴求，引起政府和社會各界的關注，當選後更要把多元訴求帶入議會，為政府施政提供建議，依法監督政府施政、不斷改善施政，確保「一國兩制」行穩致遠、香港繁榮穩定、市民安居樂業，這也是完善選舉制度、落實「愛國者治港」的應有之義。

新選制展現多元包容

選舉必然有競爭，有競爭才能有進步。全國政協副主席、國務院港澳辦主任夏寶龍明確指出，「我們強調『愛國者治港』，絕不是要搞『清一色』。」這意味在確立「愛國者治港」的原則下，立法會選舉仍然是包容多元。近日，香港紫荊研究院發布了一項關於這次立法會選舉的民調結果。資料顯示，1520名受訪市民中，有七成多的人相信有志人士可依法公平參與選舉，同樣有七成以上的人希

望候選人之間有充分競爭。有分析指出，保持選舉的競爭性，才不會讓選舉流於形式，才能推動香港特區選舉制度的健康持續發展，也才能讓當選的人更能體察選民信任來之不易、敬畏市民期待不敢辜負，用心用情為民辦實事、辦好事。

　　從報名參選的實際情況來看，選委會、地區直選、功能界別的競選都很激烈，連以往長期被反中亂港勢力壟斷的醫療衛生界別和教育界別，都出現多人參選的熾熱選情，充分證明新選制多元包容，只要愛國愛港，任何人都可以取得足夠提名，參政議政，也顯示新選制遏制了泛政治化歪風，營造良好的政治大環境，吸引更多有識之士出來參選，貢獻才智服務香港，以真才實幹爭取選委和市民支持。

　　希望各政黨、從政者以對港人福祉負責為己任，以實事求是、大公無私的態度參政議政，積極督促政府達至良政善治、推動惠民改革。

2021-11-12 香港文匯報 A13 文匯論壇

立會選舉把關 嚴格多元包容

　　立法會換屆選舉投票日將於 12 月 19 日舉行。提名期已於本月 12 日結束，共有 154 人報名參選競逐 90 個議席。身兼資格審查委員會主席的政務司司長李家超日前公布候選人審查結果，當中 153 人「入閘」，1 人被取消資格。在中央標本兼治、推動香港由亂及治、落實「愛國者治港」背景下舉行的首次立法會選舉，資審會充分發揮把關者角色，審查公平公開公正，同時對不同政治光譜盡量包容，體現了在「愛國者治港」的前提下，選舉制度均衡參與、多元包容、廣泛認同的特色，有利香港構建優質民主。選委、社會各界、廣大選民應盡職盡責，認真審視、評估各候選人的政綱、才能，為香港選出有心有力有擔當的民意代表，促進香港實現良政善治。

候選人審查工作依法進行

　　今次是資審會首次在立法會選舉中進行審查和把關。資審會作為新選制下的一個重要組成部分，負責審查把關重任，絕不是「無牙老虎」。根據基本法附件一和附件二，資審會負責審查並確認選委會、行政長官和立法會議員候選人的資格。

　　擁護基本法、效忠香港特區，是候選人的基本要求和條件。為使相關的法定要求和條件更加明確，香港法例第 1 章《釋義及通則條例》加入了相關內容，並詳列多項正面清單及負面清單行為，有關條文已於今年 5 月 21 日刊憲生效。上述清單提供了明確的指引，資審會以上述清單作為基礎，綜合考慮每宗個案的事實、證據和情況之後，作出決定。這說明資審會的審查和把關有堅實法律依據，是完善選舉制度、落實「愛國者治港」的必要舉措。

　　此次審查結果顯示，資審會的審查公平公開公正，一切依法辦事，依事實辦

事，依證據辦事。例如有人因受僱於政府部門，不符合立法會選舉規章而被 DQ，就是最好例證，有力證明資審會的角色不僅僅審閱資料，而且主動調查、審查參選人的言行，反映資審會把關工作認真負責，不是「走過場」。

強力證明選舉不搞「清一色」

中央和特區政府一再強調，新選制下的立法會選舉不搞「一言堂」、「清一色」。此次立法會選舉共有 154 人報名參選，當中 153 人獲資審會裁定有效，僅 1 人無效，且被 DQ 者是技術原因，顯示資審會進行的資格審查，更多是依照法例法規，而非政治審查。

更要看到的是，成功「入閘」的候選人政治光譜廣闊，體現了新選制既有清晰的政治底線，亦對不同政治力量盡量包容。正如李家超司長指出，合資格的候選人有不同政治光譜，亦來自不同背景階層，達至均衡參與及廣泛代表性的原則，顯示資格審查工作並非要搞「清一色」，也令反對完善選舉制度的抹黑不攻自破。

中共十九屆六中全會早前勝利閉幕，通過了歷史決議，當中提到黨中央作出健全中央依照憲法和基本法對特別行政區行使全面管治權、完善特別行政區與憲法和基本法實施相關制度機制的重大決策，推動香港局勢實現由亂到治的重大轉折。搞好包括立法會選舉在內的三場選舉，構建穩固的落實「愛國者治港」管治團隊，是實現香港良政善治的重要一環。選委、選民要在接下來的時間，充分了解立法會選舉候選人的政綱、能力，用好手中神聖的一票，選出用心用情為民辦實事、辦好事的議員，讓更多有識有能之士貢獻才智服務香港、造福市民。

2021-11-23 香港文匯報 A13 文匯論壇

期待新的議會文化

香港選舉制度經完善後的新一屆立法會選舉中，153 名候選人新鮮出爐，呈現在港人面前，正在如火如荼展開競選活動。

參選人可能成了眼下全香港最忙的人。不少候選人說自己每天工作不下十八小時，披星戴月、早起晚睡成了「新常態」；還有候選人說自己現在每天的狀態是三多三少：跑的地方多、見的人多、講的話多；吃得少、睡得少、見家人少，笑言這是一個極好的減肥機會。不少手握選票的選委、團體、選民表示，這段時間頻頻接到候選人電話，要求見面。街頭的街站旗子也日漸增多，候選人走上街頭、走進社區。許多人把「謙卑」「勤力」作為自己的座右銘。一些選委會界別的參選人，雖然只需在選委範圍內爭取支持，但他們也十分勤力，奔走在大街小巷，把這次參選當作了解民意民情、廣泛聽取市民心聲、鍛煉自己服務社會、服務市民意志的好機會。各個團體機構舉辦的選舉論壇、見面會也不時見諸網絡報端。

日前，香港再出發大聯盟舉辦的選舉論壇上，51 名選委會界別的候選人一一亮相，進行自我介紹、闡述政綱，並就相關議題發表自己的見解看法。這是本次立法會選舉當中首場全港性選舉論壇，也是新選制下的全新板塊——選委會界別候選人第一次全體登場展示。應當說，場面還是很有看頭的，無論從論壇環節設計，還是候選人的表現、到線上線下的互動，都可圈可點。沒有互相謾罵攻訐，只有觀點交鋒互動。不少候選人雖然首次登上議政殿堂預演，但論述能力、思辨能力、表達能力令人眼前一亮。許多人說，這才是香港特色選舉應有的氛圍，這才是香港議會應有的人選。期待這樣的「亮相」陸續有來。

打個不太恰當的比方，這也是一場「選美」。從微觀看，選舉論壇和參選人落區走訪，是候選人展示自己的最合適舞台，讓市民認識；從宏觀看，新選制下

的立法會選舉，比參選人治理能力議政水準之美、比國之大者格局之美、比為民情懷之美、比擔當作為之美、比履職盡責之美，讓市民認同。這樣的「選美」、這樣的競爭，人們樂見，選民歡迎。

也希望勤力落區奔走、謙卑聆聽民意、理性議政交鋒，能在選舉結束後，繼續出現在基層社區和立法會。讓反映民意心聲、服務社會大眾、推動有效施政成為香港議會的新文化。

我們有理由期待，將於 12 月 19 日產生的新一屆立法會，將永遠告別過去「為反而反」的拉布亂象，從根本上重塑行政與立法的關係。新制度下的立法會將積極為民發聲，推動良政善治。所有當選議員，都可以有效監察、制衡特區政府施政。

選舉權是法律賦予香港永久性居民的神聖職責。香港市民整體質素高，向來看重公民責任，也樂於履行義務。這個「美」怎樣選出來，就要靠全港選民手中這一票了。

2021−11−29 大公報 A12 慧言真語

新風撲面　香港有望

　　新一屆立法會選舉在即。這一段時間，各大政團社團商會和專業團體紛紛舉辦候選人論壇和選委與候選人見面會，為 153 名參選人提供與選委見面機會，向選民推介自己的政綱，分享論政議政理念及政策建議。我自己因多重社會職務在身，參加了若干場論壇，有時還作為見面會的主持人。感慨頗多，內心喜悅。

　　一是喜見理性文明氛圍回歸。香港是一個文明守法的城市，市民質素高，社會運轉有規有矩。但不幸的是，近些年被一些別有用心的人搞得亂象叢生，陷入無休止的「泛政治化」漩渦，甚至觸碰「一國」原則底線，在折騰與內耗中蹉跎歲月，幾入歧途。幸虧中央果斷出手撥亂反正，香港迎來由亂到治、由治及興的嶄新局面。這個新氣象在此次立法會選舉的預熱中，得到鮮明體現。市民看到的不再是抹黑起底互相攻擊，而是君子之爭。各個參選人比能力、比思考、比政綱、比形象，每場論壇和見面會思想火花頻現；各個團體敞開大門，放下門戶之異，為所有參選人提供公平競爭的機會。整個社會氣氛平和有序，令人耳目一新。

　　二是喜見香港後繼有人。153 名參選人，平均年齡比以往年輕，職業分布和涵蓋面更加廣泛，在制度設計上，特別強化了選委會職能，着重遴選有國家觀念、國際視野、善於從「國之大者」角度思考香港整體利益的人，其中不乏年輕面孔。地區直選、功能組別的參選人，也勤力奔走。在數場論壇和見面會上，各位參選人侃侃而談，漸入佳境。我們驚喜地發現，很多參選人並非照本宣科，而是針對不同對象、群體，闡述自己的想法和政策建議。他們不僅勤力認真，而且有思想有熱情有誠意。一些參選人的政綱，用中英文撰寫，體現了香港國際大都市的特點，果然是下了功夫。人們欣喜地看到，香港不缺治理人才。新的選舉制度，為香港優秀人才脫穎而出創造了一個絕好的平台。

　　三是喜見香港未來可期。好的社會需要有好的人才來治理，好的人才需要有

好的環境培育歷練成長。許多參選人（包括選委會界別分組的候選人）在落區過程中，多次表達今後願與地區對接，將落區傾聽民意常態化的願望。這也是一個好現象——我們期待，未來的立法會議員，將不再是高高在上的「議員大人」，而是接地氣、有情懷的「民意代表」；未來的立法會氛圍，將不再是為反而反的「出格者」「離譜者」橫行，而是認真擔當、有效監督、建諍言獻良策的議事殿堂。這將為帶動香港社會整體和諧團結氛圍，帶動香港社會健康有序運作發展，起到很好的示範作用。新時代的新香港呼之欲出。

2021-12-04 大公報 A12 慧言真語

新選制引領香港包容文化

2022 年 11 月 29 日，陪同參選人黃冰芬遞交參選第十四屆全國人民代表大會代表表格。

　　正在進行的新選制下的首場立法會選舉，如一幕精彩大戲，看點頗多。個人認為其中最大的亮點就是包容。

　　這個包容體現於人選的廣泛性。正如全國政協副主席夏寶龍所講，「無論是

什麼階層、什麼界別、什麼職業、什麼族裔，都有參與的機會」。於是我們看到了不少新面孔，有商界、學界、專業界——選手跨界；有基層打工仔、前政府官員——選手跨階層；有港漂新生代、加入中國籍的「老外」——選手跨地域；有的側重政策研究有治港策略，有的出身勞工深知民眾疾苦——選手既胸懷國之大者，也知民情接地氣。人選的廣泛性前所未有。出場陣容五光十色，令到這場選舉豐富多彩。

這個包容體現於不同觀點的交鋒和共存。候選人來自不同政團、派別，有不同政治光譜，持有不同理念政見。如此多的「不同」聚集在同一個選舉框架下，觀點碰撞火花四射。無論信奉哪種制度、喜好哪種生活方式，都有參與的機會，同台對決，公平競爭，充分展現了「一國」之下「兩制」的巨大寬度，十分好看。

這個包容體現於開門揖客，開放競爭。香港有各種各樣的社團，商會、同鄉會、專業協會多如牛毛，也是參與香港社會治理的「毛細血管」。新的選舉制度因應了香港社會治理這一特點，賦予諸多社團和有關代表人士選委資格。

同時，新選制力圖摒棄過去社團林立、各自保全的「山頭文化」弊端，在選舉過程中，各政團社團商會拋開山頭門派，敞開大門，頻頻舉辦跨黨派跨政團跨界別的論壇、見面會，為不同板塊不同背景的參選人提供了公平的舞台。候選人四處奔走，侃侃而談，向選委推介自己的政綱。

有的候選人說，自己成了一個勤勤懇懇的「推銷員」，每天面對不同群體推介自己的政綱理念。在這個過程中，結識了不同的人士，新朋友的數量比過去幾十年認識的還要多。選舉文化出現了少有的「大包容」「大氣量」。

當然，所有的包容，都建基於「愛國者治港」的原則之上。「在愛國愛港的旗幟下，最大限度拉長包容多樣性的半徑」，畫出「一國兩制」最大同心圓。在此基礎上，人們樂見百花齊放，百家爭鳴；更樂見這種包容理性的氣氛，今後成為香港社會的主流文化。

2021–12–08 點新聞

新時代　新議會　新期待

踏入 2022 年，香港第七屆立法會議員今天宣誓就職。對於新的一年，人們有很多願望；對於新選制下產生的新一屆立法會，人們有很多期待。

新選制下的立法會「新」在哪裏？不僅僅是制度的革新完善，更重要的是，要給香港帶來新氣象、新文化、新風尚。

具體來說，新議員的議政能力如何？狀態面貌如何？新的議會文化如何？新的立法與行政關係如何？如何既能良性互動，又能有效監督？新選制下特別行政區治理效能如何？等等，都為眾人所關注。

一、期待議員新形象。早前 90 名議員新鮮出爐時，坊間議論多集中於具體結果。另外，還有一些現象值得思考：據媒體朋友講，選舉結果出爐當天，有關新當選議員名單的點擊量是本次選舉其他有關新聞點擊量的十倍。可見，與一些媒體關注「怎麼選」、「誰來選」問題相比，實際上更多市民關注的是「選了誰」，其背後的心聲不難揣摩：誰將來代表我發聲？誰將會反映我的訴求？

答好新時代的考卷

「時代是出卷人，人民是閱卷人」，從政者就是答卷人。如果說，前段時間的競選是入門考試，未來四年則是大考，每位議員的表現，人們拭目以待。新選制之好，要通過治理者之「能」來體現。

二、期待議會新文化。判斷香港民主優劣成敗的根本標準，是能否實現良政善治、增進港人福祉。所謂良政善治，就是全國政協副主席、國務院港澳辦主任夏寶龍所指出的「五個能不能」：「能不能始終把握好香港『一國兩制』實踐的大方向？能不能堅守為民情懷？能不能破解香港深層次矛盾和問題？能不能在日益激烈的國際競爭環境中鞏固和提升香港的競爭力？能不能在新的歷史起點上實

現香港更好發展？」

　　90 名新科議員就位只是開始，新一屆立法會將面臨更大更多考驗。實現良政善治，特別行政區的管治者都有責任和義務。

　　對於新任議員，參政議政能力、敢於破解矛盾問題的忠誠擔當、為民眾辦實事的責任意識，善於團結各方面的號召力等等，都要在解決香港深層次問題這個試金石面前接受考驗。人們希望他們用自己的實際行動、用工作的實際成效展現新議會新文化，贏得廣大市民的口碑，不辜負中央的信任。

　　三、期待香港新風尚。新一屆立法會選舉標誌着發展符合香港實際、具有香港特色的民主制度邁出了重要一步。民主制度好不好，體現在有效性上。正如習近平總書記所指出「民主不是裝飾品，不是用來做擺設的，而是要用來解決人民要解決的問題的。」香港特色的民主，當然也應該是符合香港實際、能夠解決自身問題，有利發展、有益民眾的管用民主。

　　在這樣的民主制度下，香港的未來應該呈現一種嶄新風尚，即凡事着眼大局，理性溝通，凝聚共識，而不是造成社會撕裂和衝突；維護社會公平公義，而不是加劇階層和利益固化；社會穩定有序，而不是混亂動盪；向美向善的正能量得到弘揚，假惡醜的負能量受到唾棄。

　　今年是香港回歸 25 周年。新的時代，新的制度，萬象更新。

2022-01-03 大公報 A12 慧言真語

香港需要有承擔有能力接地氣的帶頭人

近日，隨着第六任行政長官選舉提名期展開，選舉戰鼓正式敲響。國務院根據行政長官林鄭月娥的建議，周四免去李家超的香港特區政府政務司司長職務。李家超昨晚宣布參加第六任行政長官選舉，今日下午將舉行網上發布會。

今年是香港回歸祖國 25 周年，「一國兩制」實踐進入新階段。這一進程，伴隨着國家開啟全面建設社會主義現代化國家、並向第二個百年奮鬥目標進軍的新征程。無疑，在國家和香港的發展史上，都十分關鍵。

在香港發展的重要時期，「愛國者治港」尤為值得重視。中央領導多次對「愛國者治港」提出要求。全國政協副主席、國務院港澳辦主任夏寶龍曾提出「五個善於」、「五有」。前者包括「善於在治港實踐中全面準確貫徹『一國兩制』方針、善於破解香港發展面臨的各種矛盾和問題、善於為民眾辦實事、善於團結方方面面的力量、善於履職盡責」。後者即為「有情懷、有格局、有擔當、有本領、有作為」。可謂要求明確，標準清晰。

近些年，香港不僅遭遇新冠肺炎疫情襲擾，也曾遭遇非法「佔中」、修例風波等「政治瘟疫」的衝擊。從中暴露出不少短板問題：貧富懸殊、青年向上流動難及教育問題、住房及民生問題、醫療問題、安老問題、部門各自為政與管治團隊擔當精神問題等等，都需要得到有效改進處理。

時勢呼喚英雄。中央和廣大香港市民都期待，下任特首與其團隊，能夠認清香港的深層次問題所在，敢於破解結構困局，善於體察民情、體恤基層困苦，勇於帶領香港走出「泛政治化」的漩渦，走向欣欣向榮的未來。大家都明白，要做到這一點，非常不容易。也正因為不容易，我們才更需要一位有情懷、有格局、有擔當、有本領、有作為的堅定愛國愛港者擔任特首。

李家超在擔任政務司司長時曾說過，「身為領導，不是自己一個人做所有的

事，人無完人，最重要的是發揮團隊成員作用，讓他們精益求精。」他還提到，「重要的是建立一個秉持共同理念的團隊，因為團隊成員都有不同背景，要實現一加一大於二，就需強調團隊共同的內涵，比如一致的理念、目標或運作過程等，而不是強調不同的地方，這就是發揚團隊精神最重要的元素。」這番話，深諳管治要義，也是作為領導者應具備的胸懷和膽識。

　　李家超從事公共服務工作 45 年，無論在警隊還是保安局，均有「緊急重大事故協調」的統籌經驗，參與調查多宗轟動案件，例如「魔警」徐步高案、處理過風災、「模擬大亞灣核電廠事故」的核應變計劃、2019 年「黑暴」等等。他在保安局任職期間有帶領 6 支紀律部隊的經驗；在擔任政務司司長期間，全力統籌特區政府防疫抗疫，比如親自帶隊與內地溝通有關援港事項，積極推進與內地通關等，市民有目共睹。

　　李家超的經歷、表現，堪稱是一位忠誠的愛國者，是有承擔、有能力、接地氣的將帥之才。這樣的人，正是香港再出發所需要的。值得市民期待。

2022-04-09 大公報 A10 慧言真語

新管治團隊定能有大作為

2022 年 9 月 29 日，就 2022 施政報告向香港特首李家超先生遞交建議書，並反映社情民意。

　　6 月 19 日，中央人民政府依法任命香港特別行政區第六屆政府 26 名主要官員。當天下午，候任行政長官李家超率新班子集體亮相，各位新班子成員分別介紹了他們的施政理念及工作重點。正如李家超所說，這個班子是一支多元、團結、忠誠和執行力強的團隊。我和很多朋友都為新一屆特區政府選賢任能、用人得當感到高興，對未來五年香港實現良政善治、邁向由治及興充滿期待。

　　以往特區政府常被稱作「熱廚房」，是因為政治高熱，眾口難調，施政時內外掣肘，政府官員即使想做事也難成事，政府組班時也面臨不少困難。經過過去幾年撥亂反正，制定實施香港國安法，完善特區選舉制度，圓滿完成三場重要選舉，堅定落實「愛國者治港」原則，香港「一國兩制」實踐重回正軌。在此情況下，「熱廚房」降溫是必然的，我們樂見其成。

最為明顯的一點，是在新選制下，行政和立法關係大為改善，實現了良性互動，以往議會動輒拉布的場景一去不復返，行政主導將在新一屆特區政府繼續有效落實，有利於政府提升施政效能，真正做成事。「熱廚房」降溫後，特區政府才能吸引更多立場堅定、德才兼備的愛國者加入。這次新一屆特區政府在很短的時間內完成組班，並且新班子讓人眼前一亮，不得不說與此有關。

國務院港澳辦高度肯定新班子具有堅定的愛國愛港政治立場，具有「五湖四海」的聚合性，具有高素質、專業化的鮮明特徵，具有強烈的擔當意識和責任心，具有寬廣的國際視野。我完全贊成。我還注意到，新班子的 26 人中，女性有 6 位，佔比約四分之一，是歷屆特區政府最多。放眼全球，香港女性在主要官員中的比例也是位居世界前列。香港女性可以說已經撐起了香港社會的半邊天，在政治生活中也發揮了越來越大的作用。

再過 10 天，香港將迎來回歸 25 周年的大日子，新一屆特區政府班子就要走馬上任了。我和廣大香港市民一樣，期待新班子有新作為，為香港謀發展，為市民謀福祉，不辜負中央的信任，不辜負市民的期盼。

首先，我希望新一屆特區政府能夠更有效地防控疫情，爭取早日實現與內地恢復正常通關，這也是候任行政長官對市民的承諾；其次，我希望新一屆政府精簡程序，加強統籌，提供更多安居之所，加快解決市民最為關心的房屋問題；再次，我希望新一屆特區政府抓緊國家「十四五」規劃、粵港澳大灣區建設等重大機遇，不斷增強香港發展動能，在融入國家發展大局中實現自身更好發展；最後，我希望新一屆特區政府在青年、教育、醫療、安老等領域採取有效措施，努力破解民生難點痛點，讓香港市民過上更加幸福美好的生活。

未來五年是香港邁向由治及興的關鍵時期，特區政府新班子的成功組建是一個良好開端。我相信，在中央政府的大力支持下，李家超領導的新一屆特區政府一定能夠廣泛團結香港各界人士，共同開創香港更加美好的明天！

2022-06-21 大公報 A12 慧言真語

第三章

和諧

穩定

修訂逃犯條例為堵漏洞
市民無須擔憂

2019 年 5 月 30 日，時任保安局副局長的區志光先生應邀擔任《逃犯條例》座談會主講嘉賓，為市民講解政府如何藉此堵塞法律漏洞。

　　經過公眾諮詢後的移交逃犯條例修訂，進一步回應社會關注，可以堵塞現行條例漏洞，同時彰顯法律公義、保障港人利益，立法會議員和廣大市民應支持修例，避免香港淪為「逃犯天堂」。

　　行政會議通過《逃犯條例》及《刑事事宜相互法律協助條例》的修訂草案，將於下周三提交立法會審議。反對派議員繼續千方百計阻撓修例，聲稱政府修例是「暗度陳倉」及「別有用心」，只為香港與內地移交逃犯，如果通過修例，將不需要基本法二十三條立法，屆時可用內地法律整治有關人士。

反對派集結外力反對修例

實際上，反對派反對修訂《逃犯條例》，才真正是「靠嚇」，反對派除了在港聲稱修例會「送香港人去『大陸』受審」，更跑到台灣地區散播恐慌。民主黨、公民黨、「議會陣線」及「香港眾志」先後與台「陸委會副主委」、民進黨籍的邱垂正會面，據反對派傳媒報道，他揚言如果按現行建議修例，會影響在港台灣人權益及安全云云。反對派與台灣勢力裏應外合，集結力量反對修例。

保安局局長李家超強調，政府現時有關個案方式移交的建議，並非為單一司法管轄區或香港與內地移交，只是長期合作安排生效前的補充措施，不會影響任何現行移交逃犯的長期安排。李家超重申，政府建議修訂《逃犯條例》是處理兩個現實問題，包括台灣殺人案及堵塞制度上的漏洞，又指台灣殺人案有時間性，要盡快處理，特區政府已與台方溝通，希望以務實及互相尊重的態度達成安排，如修例獲通過，便可與台灣以個案方式處理。

民建聯主席李慧琼表示，政府提出修訂《逃犯條例》，已加入很多保障，包括要法庭把關，認為社會應信任本港司法體制，對法庭把關有信心。她認為，如果聲稱通過修例就等同本港「中門大開」，是完全藐視法庭把關的能力。她相信法庭不會完全同意政府的立場，否則「佔中」案、暴動案等都不會引起不同討論。李慧琼強調，如非涉及嚴重罪行，其他地方不會貿然提出移交逃犯，同時要有相稱性罪行，涉及政治及宗教都不能移交。

堵塞法律漏洞免港成「逃犯天堂」

現時本港的《逃犯條例》和《刑事事宜相互法律協助條例》兩條條例，均不適用於香港與內地的任何其他部分包括內地、澳門、台灣，其中存在明顯漏洞，是鐵一般的事實。早前有港人在台殺人逃回港案正敲響警號，疑犯居然受益於現行法例成為漏網之魚，逍遙法外。是次保安局提交至立法會保安事務委員會的文件中，建議將《刑事事宜相互法律協助條例》和《逃犯條例》訂明不適用於「香港與中國其他部分」之間的條文刪除，令香港可與香港以外所有地方提出刑事法

律協助及移交逃犯的請求，特區政府即有法律基礎處理相關刑事法律協助及移交逃犯的請求，以堵塞漏洞。

　　現時本港已與 32 個司法管轄區簽訂刑事法律協助，及已與 20 個司法管轄區簽訂移交逃犯協定，但相對比全球有 185 個國家和地區，已簽訂的國家或地區仍屬少數。若要和所有的地區或國家簽訂兩條條例，需要很長的時間才可完成，在未能與所有地區有協定前，本港仍存在不能移交嚴重罪行疑犯的問題。因此，保安局亦建議容許以「一次性個案」方式適用於香港與任何未與其訂有長期安排的地方，並讓行政長官可作出證明書提供基礎，啟動處理臨時拘捕及移交的請求。

　　保安局局長李家超已廣泛接觸包括商界在內不同團體，聽取各方面的意見，作出了必要的考慮。根據新公布的修訂內容，現行移交逃犯條例中的 46 項罪行，有 9 項被剔出，移交的「門檻」亦同時提高，只有在港會被判監 3 年以上的逃犯才會被移交；而且，單一個案禁止政治目的移交，必須符合兩地雙重犯罪原則，死刑不移交，一罪不能兩審，不可移交去第三地方等。

　　保安局在堅持修例必要性、迫切性的同時，在回應社會的合理訴求之間，作出較好的取捨與平衡，既有利於完善本港法制、堵塞法例漏洞，也有助於條例修訂草案早日在立法會得到通過，是一個從善如流、兼顧各方的做法。

2019-03-28 香港文匯報 A15 文匯論壇

反對派把全港市民當逃犯侮辱港人

修訂《逃犯條例》的法案委員會因反對派拉布，開了兩次會也未能選出委員會主席，立下了前所未見的極壞先例。不容反對派以政治凌駕法治、阻礙修例，維護香港良好法治的國際形象，這是眾望所歸。內地日益文明進步，獲得國際社會充分肯定，反對派以「送中條例」誣衊修訂《逃犯條例》，把全港 700 萬市民當作逃犯，企圖綑綁全體港人反中亂港，這是對香港市民最大的侮辱和愚弄。廣大市民心明眼亮，一定以強大民意遏止反對派激化政爭矛盾，防止香港再蹉跎歲月。

社會大眾對立法會無日無之的拉布，早已不勝其煩。此次修訂《逃犯條例》的法案委員會選主席的工作，本來相當簡單，按慣例只需 15 分鐘就可完成。但反對派議員不斷提出規程問題爭拗拖延時間，竟然用了兩次會議、共 4 小時都未能進入選主席的程序，創下「天方夜譚」的情況，完全不可理喻。

挫敗反對派騎劫議會企圖

反對派刻意拉布，癱瘓議會運作，立法會內務委員會理所當然應就如何選主席向法案委員會發指引。反對派濫用權力、無規無矩，不等於立法會可容忍他們胡作非為，內會有責任撥亂反正，維護議會正常秩序，已表決採納更換主持人的指引，挫敗了反對派以少數騎劫議會的企圖。

反對派為阻礙修例，不斷煽動支持者上街遊行、包圍立法會，偽造民意向政府和建制派議員施壓。修訂《逃犯條例》，令本港女子台灣被害案的疑犯受到應有的法律制裁，彰顯法治公義，得到大多數市民的支持。《經濟通》與《晴報》進行的民調顯示，有 83% 受訪者贊成修例，不贊成者僅得 16%；越來越多社會各界人士和廣大市民看清反對派製造政爭、撕裂社會的險惡用心，支持修例，反對

將法律問題政治化，避免香港淪為「逃犯天堂」，這才是香港的主流民意，清晰明確、不容扭曲。

為增加反修例的支持度，反對派又使出顛倒黑白、危言聳聽的伎倆，不斷渲染通過修例之後，港人全部變成逃犯，隨時會被送回內地受審，「一國兩制」更從此蕩然無存。這些伎倆在反二十三條立法、反「一地兩檢」多次使用，反對派以為謊言重複一百遍，就會成為真理，實在是侮辱港人的智慧。

十八大以來，以習近平為核心的中共中央一再重申依法治國，強調「法治興則國興，法治強則國強」。今年 2 月，習主席召開中央全面依法治國委員會第二次會議發表重要講話時指出，做好改革發展穩定各項工作離不開法治，改革開放越深入越要強調法治。如今國家進一步走向世界，以負責任大國的身份參與國際事務，更加注重尊重運用法治，這是全世界有目共睹的。

不容重演反 23 條立法的混亂

在港澳落實「一國兩制」問題上，習主席多次強調，嚴格按照憲法和基本法辦事，完善與基本法實施相關的制度和機制，保持香港、澳門長期繁榮穩定。中央依法全面準確貫徹「一國兩制」一諾千金，這是不可否認的事實，港人對此充滿信心，完全明白所謂修訂《逃犯條例》港人「人權自由不保」，根本是別有用心的挑撥和誤導。

廣大市民絕對不希望修訂《逃犯條例》的爭拗變成二十三條立法的翻版，令香港再陷政爭泥淖，廣大市民一定會以強大民意向反對派說不，制止反對派策動新一波非理性的政爭，力保香港風清氣正人心齊的難得局面。

2019-05-07 香港文匯報 A10 文匯論壇

堅定支持修例　絕不向暴力低頭

一批反修例暴徒昨日「佔領」金鐘主要幹道，以無底線行動挑戰香港法治底線，蠶食香港安寧，特首林鄭月娥昨晚強烈譴責金鐘有人公然發動暴動，希望青年人不要因一時衝動作出日後會後悔的事，亦希望家長提醒子女，有意見可透過既有渠道表達，千萬不要以身試法。林鄭特首並表示，修例的初心仍然存在，而修例通過後亦會加強國際社會對香港法制的信心。

昨日反修例的示威是有預謀、有計劃、有組織、有部署的暴亂，必須受到嚴厲譴責！反對派公然鼓吹煽動暴力違法，香港再現「佔領」事件，「違法達義」再次抬頭，其目的就是以暴力違法手段脅迫香港社會在修例上就範。

反對派煽動暴力圖脅迫撤回修例

但暴力衝擊歪風絕不可長！伸張法律公義必然勝利！面對反對派以暴力步步進逼，全社會更要展示支持修例的強大民意，堅定支持立法會審議通過修例草案，支持警隊果斷執法清場，絕不向暴力低頭，不容對修例大是大非有半點退讓。

「佔領」暴徒再現香港，以無底線行動挑戰香港法治底線，蠶食香港安寧，必須受到嚴厲譴責！

全港市民眼見金鐘主要幹道再被非法佔據，莫不為重來的「佔領」亂象感到痛心。令人憤怒的是，反對派對「佔領」暴徒不僅沒有批評，更為其造勢，提供必要支援，煽動示威者堅持到底。連日來，反對派縱容暴徒借反修例一而再、再而三地發動衝擊，無視警員浴血受傷，不僅以各種言論為違法暴力者開脫，反對派頭目、「泛民會議」毛孟靜昨日更與反對派立法會議員向示威者鞠躬，將破壞香港法治的暴徒視為「英雄」，公然煽動暴力亂港，為達反修例目的不擇手段，令香港陷入永無寧日的災難之中。

不容對修例大是大非有半點退讓

　　作為「佔中」的幕後黑手，反對派由始至終起着操縱的作用。5 年前，戴耀廷以「違法達義」發動長達 79 日的非法「佔領」行動，反對派聯同激進派全面組織各種部署，打開了違法亂港、暴力抗爭的潘多拉魔盒。其後發生的旺角暴亂和多起暴力衝擊事件，反對派作為「違法達義」的始作俑者，大多數市民一清二楚。香港昨日再現「佔領」事件，「違法達義」再次抬頭，反對派繼續號召大規模包圍立法會，教唆在公眾地方聚眾滋事，又煽動全港罷課罷工罷市，癱瘓社會運作，推動市民尤其年輕人做「爛前卒」。種種亂象，完全由反對派一手造成。

　　反對派就《逃犯條例》修訂，不斷散播歪理，漠視法治，煽動暴力，不擇手段，其目的就是以暴力違法行動脅迫香港社會就範。但暴力衝擊歪風絕不可長！伸張法律公義必然勝利！《逃犯條例》修訂修補移交逃犯的法律漏洞，事關社會公平正義，「保公義撐修例大聯盟」發起的「護港安全撐修例大聯署」逾 92 萬支持修例的真實民意，彰顯社會主流共識。面對反對派以暴力步步進逼，全社會更要展示支持修例的強大民意，支持建制派議員在立法會堅持審議通過修例草案，支持警隊果斷執法清場，該檢控就檢控，絕不向暴力低頭，不容香港再有「佔領」可乘之機，不容對修例大是大非有半點退讓。

2019-06-13 香港文匯報 A09 文匯論壇

支持警方無畏無懼　護法治保安穩

2019 年 10 月 8 日，組織愛國愛港人士親臨觀塘警署慰問警察，堅定支持香港警方嚴正執法。

　　修例風波中，香港警察再次發揮維護法治、保持秩序的中流砥柱作用，但有示威者將抗爭矛頭指向警方，日前包圍警察總部的非法集會，有示威者侮辱警察，不斷挑釁警方，這些做法絕非法治文明社會所能接受。警察是香港法治的最後一道防線，如果警察對違法暴力行為袖手旁觀、放軟手腳，市民的安全有何保障？對香港有何好處？香港目前處於困難時間，但越是困難，社會各界越需要保持信

心，越需要重振士氣。此時此刻，社會各界、廣大市民更需大聲疾呼，攜手支持警方無畏無懼，維護香港法治安穩，社會盡快放下紛爭，重回理性，讓香港渡過難關，風雨過後再見曙光。

此修例風波，出現多場大規模的抗爭行動，其複雜性前所未見，示威者抗爭的組織性、激烈程度，對警方執法構成巨大挑戰和壓力。不僅前線警員遭受暴力衝擊，流血受傷，有警員家屬更遭到恐嚇欺凌，整個警隊亦被抹黑詆譭，所謂「警察向手無寸鐵學生開槍、追究警方濫用暴力」之說不絕於耳，這些不合法理、不符事實的言行，令人非常擔憂。

香港能夠成為全世界有名的「法治之都」、「最安全城市」，正正依賴於香港擁有一支盡忠職守、專業文明執法的警隊。如今有人出於政治目的，刻意貶損警隊形象和聲譽，打擊警方士氣，企圖令警方在違法暴力面前喪失執法的信心和意志，任由違法者胡作非為，香港還能成為「法治之都」、「安全之都」？

事實可見，多場挑戰警方的示威抗爭，警方不僅執法受阻，連 999 的緊急服務都大受影響，更有多條道路被堵塞，市民連基本的接受救援服務、交通出行權利都受到損害，若警方的執法職能進一步被癱瘓，後果不堪設想。

港人欣慰和驕傲的是，儘管挑戰艱巨，警方依然堅守崗位，堅定不移履行警員天職，執行法紀，繼續維持香港的穩定。面對種種無理攻擊和挑釁，警方沉着應對，堅持以依法克制文明的態度和手法來處理，這是全港市民有目共睹的。

國家主席習近平 2017 年七一前夕在港視察八鄉少年警訊永久活動中心時，高度讚揚警隊維護法治。習主席強調，「香港繁榮穩定離不開香港警隊，在維護法治、維持我們的社會穩定方面作出關鍵作用，我也向我們香港警隊 3 萬多警務人員致以崇高敬意。」警隊的一貫出色表現，不負習主席和廣大市民的信賴託付，值得嘉許。

香港尊重、保障市民和平理性表達訴求的權利和自由，同時亦捍衛法治此一核心價值，政治不能凌駕法治，不能為了方便表達政治訴求、達至政治目的，就對法治置之不理，把盡職盡責維護法治的警方視為眼中釘，以顛倒是非、罔顧事

實的手段將警方踩在腳下,廣大有良知、有良心的市民不會認同,更堅決反對。

是非不容顛倒,正確的社會價值觀不能被扭曲,廣大市民始終是警方最堅強的後盾,力挺警方依法維護香港法治和秩序,這是清晰無誤的主流民意。

2019-06-26 香港文匯報 A13 文匯論壇

遏止暴力氾濫　防止香港失控

2019 年 11 月 15 日，帶領百多名義工於清晨時分合力搬走堵路地磚，疏通彌敦道，維護九龍最繁忙的核心路段暢通無阻。

　　七一回歸紀念日發生的激進暴力示威者衝擊、佔領立法會大樓事件，令人震驚心痛，香港的法治穩定遭受前所未見的傷害，所有熱愛香港、有良知的市民，心在流血。那些公然挑戰法治、濫用暴力的示威者，不僅要受到最嚴厲的譴責，更須受到法律的制裁，而一直在背後包庇、縱容違法暴力的反對派政客，更負有不可推卸的責任，他們有愧於香港和廣大市民，同樣應受譴責，也一定會被主流

民意懲罰。社會各界堅定支持特區政府依法平息混亂，將違法暴力者繩之以法，該出手時就出手，彰顯法治、伸張正義、維護秩序，恢復正常管治秩序，帶領香港重回發展正軌。

香港是法治文明的國際城市，基本法保障了港人享有包括言論、集會在內的高度而廣泛的自由。此次反修例風波，有市民一再以合法和平理性的方式來表達不同訴求，特區政府也一再表示虛心聆聽民間意見，努力改進工作，充分顯示了香港尊重法治、崇尚理性的可貴特質。

衝擊、佔領立法會大樓的行為，完全不是正常的表達政見，而是一場嚴重違法、喪失理性的暴力行動，與香港社會的核心價值觀和主流民意背道而馳。這是對法治、文明赤裸裸的挑釁和破壞，在任何正常的社會都是不能容忍的，不論示威者有任何訴求，採取違法暴力已使其訴求失去合法性、正當性。

暴力惡行毀法治文明

面對不忍卒睹的一幕，香港的法治、文明、秩序蕩然無存，國際形象受到巨大傷害，廣大市民包括這些暴力示威者的父母、親友，還有海內外關心香港的朋友，無不憂心忡忡地問，這還是我們熟悉的香港嗎？

從美國「佔領華爾街」、英國「佔領倫敦」，到近期法國的「黃背心運動」，示威者一旦違法暴力衝擊，影響社會穩定，執法機構都是果斷採取武力制止暴力，以免亂局擴大。對於反修例的一連串暴力衝擊行為，尤其是演變到衝擊、佔據、搗亂立法會，廣大市民絕對支持警方果斷執法，徹底追究其刑責，不容示威者為所欲為，防止暴力衝擊向社區擴散蔓延，防止香港陷入違法暴力無日無之、不可救藥的困境。

對此次反修例風波引發的連場違法暴力衝擊，反對派政客從未對示威者有隻字片語的批評，反而形容示威者是「義士」、是「手無寸鐵的孩子」，並一再妨礙警方執法制止暴亂，更匪夷所思地要求追究「警方濫用暴力、鎮壓和平示威」的責任。對於示威者攻入立法會、大肆搗亂，反對派政客竟然誣衊警方設「空城計」

引誘示威者，又將示威者瘋狂濫用暴力的原因歸咎於政府無回應示威者的訴求。

反對派顛倒是非負最大責任

正是反對派混淆是非，顛倒正邪，替違法暴力保駕護航、火上澆油，香港法治、和諧受到前所未見的傷害，反對派應負上最大責任，對此廣大市民一定要看清楚、記心上，用強大的民意阻止反對派政客毀香港、毀下一代。

特首林鄭月娥已經多次就修例風波向市民真誠道歉，承認工作不足，承諾今後更謙卑、更貼近民情民意改善施政，大多數市民都表示支持、尊重和理解。特區政府要帶領市民重新出發，首先要重整法治、重振管治威信，依法制止、懲處一切違法暴力行為，政府責無旁貸，廣大市民絕對支持政府迎難而上，依法辦事，明辨是非，證明香港始終是「法治之都」、「文明之都」，不會淪為「暴力之都」、「混亂之都」，提振廣大市民和海內外人士對香港保持繁榮穩定的信心。

2019-07-04 香港文匯報 A16 文匯論壇

珍惜法治安定　讓香港早日康復

　　反修例風波引發的暴力衝突愈演愈烈，沙田衝突中，暴力示威者瘋狂攻擊警方的血腥場面令人觸目驚心，有警員竟然被人咬斷手指！市民不禁質問：這還是我們熟悉的擁有高度法治文明的香港嗎？市民在譴責喪失理性的暴徒之餘，更想質問那些參與遊行示威的人士，你們能和暴力行為劃清界線、不用負替暴力推波助瀾的責任？那些顛倒是非、縱容暴徒襲擊警察的政客，你們毀了香港的法治和安定，換取自己的政治利益，對得起香港和廣大市民，對得住天理良知嗎？法治安定是香港之福，市民對無休止的政爭對抗相當厭倦，更不希望再有流血衝突，不希望香港的繁榮穩定、安居樂業蕩然無存，任何有良知、愛香港的組織、人士都不應再搞破壞法治安定的抗爭行動，不要再火上澆油，應放下仇恨情緒，重建包容、理性、守法的社會風氣，讓香港早日康復，這是廣大市民的共同心願。

　　特區政府一再聲明，修例工作已經徹底結束，意味着針對修例的抗爭也應停止。可惜，反修例遊行示威並無平息，而且每次「和平遊行」都以暴力收場。有些參加遊行示威的人士認為，自己沒有作出違法暴力行為，就沒有任何問題，暴力衝突「唔關我事」。

助長暴力惡行形同幫兇

　　雖然，香港保障和尊重和平表達訴求的權利，但問題是，現在反修例遊行示威已經變質，被少數人騎劫，遊行示威並非為了表達政治訴求，而是趁機製造不斷的流血衝突、要挾政府，要達到衝擊法治、動搖管治的目的。參與遊行示威的人士，即使沒有參與暴力行為，但助長了暴力衝擊的行為，形同暴徒的幫兇。

　　至於所謂堅持「不割席、不指責」的政客，修例風波以來，暴徒製造多次令

人髮指的暴行，包括沙田惡意襲擊警方事件，政客從來不譴責，反而形容暴徒是「義士」；對警方執法就諸多刁難，利用立法會議員、區議員的身份阻礙警方執法，警方嚴正執法就指責警方濫權，警方主動撤退，又散播警方設「空城計」陷示威者於不義的陰謀論；政客一方面要求不檢控所有示威者，另一方面則叫囂要追究警方「暴力鎮壓和平示威」的責任。

總之，政客要達到的效果和目的，就是包庇暴徒，把一切責任推到警方身上，損毀警方形象，打擊警方士氣。

正邪混淆，法治不彰，會有什麼嚴重後果，反修例的連場暴力衝突足以證明。那些參與遊行示威的善良、單純的示威者，是否應清醒了？是否想過所謂「和平遊行示威」與暴力衝突的必然聯繫？如果你們不認同暴力行為，是否不要再參與所謂「和平遊行示威」？

全港市民應該思考這樣一個發人深省的問題：我們究竟要一個什麼樣的香港？是要法治的香港，團結、安定、文明的香港，還是暴力的香港，爭拗、撕裂、不文明的香港？這個問題問得好，值得全港市民冷靜、認真思考。

弘揚同舟共濟守望相助精神

法治和安定是任何一個社會安身立命、繁榮穩定的前提，沒有了這個前提，一切都是泡影。中東、東歐、委內瑞拉等前車之鑑，一再提醒香港，切勿重蹈覆轍，這並非危言聳聽。正是得益於法治和安定，香港才能保持多年的快速發展，在回歸祖國 22 年來取得舉世矚目的成就。獅子山下港人同舟共濟、守望相助，這是香港引以為榮的傳統。在沙田衝突中，有警察遭襲受傷倒地，有位記者趴在警察身上，阻止示威者進一步傷害警察。這令人看到人性的光輝，也體現了港人放下矛盾、共渡難關的可貴精神。

香港是我家，我們都是一家人，不應成為有你無我的仇人，是時候走出修例風波的陰霾，擺脫無日無之的爭拗，不要讓香港淪為「示威之都」、「暴力之都」。市民更應清楚認識到，縱容違法暴力，甚至為暴行美言、開脫、撐腰，就是對香

2014 年 10 月 10 日，以個人身份組織約 20 名母親到「佔中」行動主場地金鐘，親身與在場青年傾談及派發以「一群愛心媽媽」署名的單張，勸喻青年們回家。

港法治精神的公然挑戰，最終必將損害全體港人的根本利益。香港不能再亂下去，這是最真切的社會共識和主流民意，港人應更珍惜法治和安定，堅決譴責和抵制一切暴力亂港的言行，這也是保障港人自己的切身利益。

2019-07-17 香港文匯報 A13 文匯論壇

毆打記者人神共憤
停止暴力勿摧毀香港

近日黑衣暴徒癱瘓機場、毆打內地記者，犯下人神共憤的反人類、反社會罪行，用國務院港澳辦發言人的話來形容，暴徒行徑近乎恐怖主義，完全突破了法律的底線、道德的底線、人性的底線，摧毀香港法治文明的國際形象，摧毀香港的繁榮穩定、安居樂業，正在把香港推向不歸路，實在令人心痛。香港不能再亂了，不能再任由一部分人為追求所謂民主自由，而把香港搞得無法無天，變成「暴力之都」、「仇恨之都」，所有有良知、真正愛香港的人，尤甚是教師、社工、宗教領袖，都應呼籲年輕人放下暴力，以合法文明的手法解決矛盾，不要親手毀了香港這個我們共同的家園。

從前日的新聞所見，香港機場被黑衣暴徒霸佔，市民、遊客登機被暴徒強行阻止，已經令人極之憤慨和討厭，但是，黑衣暴徒違法暴力沒有最惡劣，只有更惡劣，他們公然在眾目睽睽下，禁錮、毆打遭懷疑的普通人士，即使發現有人是記者也不放過，甚至警察、救護員來搶救都被阻撓。

有位在場的外籍人士也看不過眼，形容暴徒的襲擊行為如同「黑幫式暴力」，「他們的行為遠遠超過了示威範疇，即使對戰俘也要保持尊重。」香港是國際城市、法治之區，可是黑衣暴徒濫用私刑，肆無忌憚地向無辜人士乃至記者施暴，這是要把香港變回以強凌弱、拳頭話事的蠻荒世紀嗎？

香港能夠成為國際金融、經貿中心，能夠成為國際旅遊城市、購物天堂，靠的就是良好法治，安定的營商環境，市民尊重法治、理性和平的高質素。這次修例風波持續兩個多月仍未平息，黑衣暴徒以政府沒有回應所謂「五大訴求」為由，不斷升級暴力行動，襲擊警察和市民，把香港各區變成戰場，令市民人心惶惶，連機場這個展示香港形象的平台也被劫持，在機場上演令人髮指的暴力醜劇，這正是在毀了香港最寶貴的尊重法治、文明理性優勢，在做着嚇走遊客和投資者的

愚蠢行為。

示威者當中有不少年輕人，年輕人對政府、對現狀有不滿，對民主自由有追求，可以理解，有示威者更聲稱，抗爭是為了守護香港這個家，佔領機場是為了表達對政府的不滿，是為了爭取民主公義，要為年輕人爭取更好的未來。但這些年輕的示威者，有沒有認真考慮過無底線暴力抗爭的後果？

「羅馬不是一日建成的，但毀了羅馬只需一日。」示威者自恃有「崇高理想」，就濫用暴力，令香港的法治安定蕩然無存，這根本是在毀了香港，也毀了年輕人的未來。更何況，香港不僅僅是示威者的，還是 700 萬市民共同的家，廣大市民都不希望香港暴力氾濫成災，不認同暴力是解決問題的辦法，反暴力、護法治仍是香港的共同價值觀和主流民意。

修例風波發展至今已經變質，暴力失控的風險越來越大，要避免不堪設想的情況，如今需要更多有識之士勇於站出來向暴力說不，特別是對年輕人有較大影響的教師、社工，在香港面臨何去何從的關鍵時刻，香港是選擇法治安定，還是暴力混亂的方向問題上，教師、社工必須態度鮮明地要求停止暴力，呼籲年輕人冷靜下來，回到法治理性的正軌尋求解決方法，不要再執迷不悟，毀了自己和香港的前途。

2019-08-15 香港文匯報 A19 文匯論壇

跨部門合作止暴制亂
用非常手段恢復法治安定

暴亂持續兩個多月，香港法治流血，市民痛心流淚，但暴力衝擊未見平息反而升級，嚴重威脅警員和普通市民的生命安全，香港的形勢更趨嚴峻。非常時期，要用非常措施，警方需用更凌厲執法止暴制亂。在香港面臨重大考驗的關鍵時刻，維護法治安定，不能單靠警方孤軍作戰，政府須設立跨部門的領導小組，把各紀律部隊納入其中。廣大市民更要立場鮮明，意志堅定，齊心協力，義無反顧撐警方、護法治、反暴力、保香港，確保「一國兩制」行穩致遠，保護廣大市民利益，推動香港形勢根本好轉。

香港的法治安全，國際上有口皆碑，港人亦引以為榮，更是香港成為國際金融經貿中心、旅遊城市的最重要優勢和基礎。可惜，無休止的暴力行為，暴徒視法律如無物，肆無忌憚毀壞公物和商舖，毆打途人、內地遊客和記者，襲擊警員，連警員人身安全都難言保障，市民更加人心惶惶。

止暴制亂不能靠警隊獨力支撐

沒有法治安定，任何發展都是空談。香港受曠日持久的暴力衝擊影響，經濟正陷入衰退，有30多個國家和地區已對香港發出旅遊警示，消費市道一落千丈，各行各業苦不堪言。一個繁榮穩定、文明和諧的香港，一個700萬市民安居樂業的共同家園，變得暴力橫行、無法無天，令人痛心可惜。

因此，止暴制亂迫在眉睫，是當務之急。目前警方盡忠職守，忍辱負重，流汗流血，兩個多月來日以繼夜打擊暴力，守護法治，避免香港完全失控，警隊功不可沒。但也要看到，暴力到處擴散，愈演愈烈，令警隊疲於奔命，承受越來越大的壓力。

止暴制亂人人有責，恢復法治安定，不能靠警隊獨力支撐。特區政府應該成立由多個部門組成的跨部門應急小組，各部門的最高負責官員共同參與，海關、入境處、消防處、懲教署等紀律部隊都應參與其中。跨部門應急小組顯示政府上下一心，有信心有意志有能力打贏反暴力的「硬仗」，同時群策群力、集思廣益，提升執法、應變效率，令依法反暴力護法治事半功倍。

近日在荃灣暴亂中，警員開槍一事備受關注。事實上，當時有近百名暴徒追打幾名警員，若警員沒有及時拔槍防衛，可能已經造成人命傷亡，後果堪虞。在警員拔槍後，暴徒仍未有停止攻擊，警員也只是向天開槍示警，不僅合法合理正當，而且相當克制。暴徒的暴力行為泯滅人性，嚴重威脅警員和市民的生命財產安全，警方再不採取更有效、有力的手段制止暴力，執法手段仍然備而不用，只會把前線警員和市民置於極度危險之中。

日前舉辦 G7 峰會的法國南部城市比亞里茨，曾出現暴力示威，法國警方迅速使用催淚煙、水炮車等手段，強勢高效驅散示威者，並拘捕大批違法者。在美國，警方嚴格執法，絕不容警權受到挑戰。如果示威者毆打警員，警員會立即開槍警示，旨在停止傷害行為，保護公眾和警員的生命安全。如果美國的示威者敢像香港的暴徒一樣襲擊警員，美國警員一定會開槍還擊，這些例子多不勝數。

以強大民意促香港形勢好轉

香港警方在處理暴亂時保持最大限度的冷靜、克制和專業，盡可能使用最低的武力去應對，但是現在暴力程度不斷升級，已達可致命的程度，警方必須採取更主動的止暴制亂策略，加強人員、裝備的配備，加大打擊力度，不容暴徒為所欲為，這是對香港和廣大市民負責，市民絕對支持和贊成。

香港已經流血兩個多月，暴力無助解決任何問題，只會把香港推向玉石俱焚的不歸路。要阻止暴力持續升級，民意是最關鍵的因素之一。全港市民應認清現時香港已處於法治、管治都相當嚴峻的邊緣，市民必須明是非、分正邪，停一停，

想一想，認清暴力氾濫對香港的深遠危害，明確與暴力行為劃清界線，反暴力態度絕不模棱兩可，更堅定支持特首和特區政府依法施政，堅定支持警方嚴正執法和司法機關公正司法，以最強大的民意止暴制亂、恢復秩序。

2019-08-29 香港文匯報 A14 文匯論壇

學校勿淪政爭溫床
態度鮮明反罷課

修例風波令香港法治安定受重創，暴力衝擊無日無之，如今更有向學校蔓延的危機，禍延下一代。有中學生組織鼓吹新學期在校內罷課，要求政府回應五大訴求。學校是傳道授業解惑之地，不能淪為鼓吹政爭對抗、散播仇恨的溫床。對於心智未熟的中學生，極之容易受當前激進歪理誤導，政府、辦學團體、校方必須態度鮮明反對罷課，嚴肅處理煽動罷課的學生、教師，同時施以更大的愛心和耐心引導學生正確認識反修例風波，引導學生遵紀守法、珍惜學業，切勿走上違法暴力、自毀前程的邪路。

學校的本職是教書育人，不是政治爭拗平台。學校應建立穩定和安全的學習環境，讓學生有正常健康的校園生活，體現和平、理性、尊重、包容、互信和溝通，在聆聽而不對抗的學習態度下開放、兼聽對話。本港有人利用修例問題大做文章，掀起沒完沒了的政爭撕裂、乃至令人震驚的暴力衝突，各行各業大受影響，經濟正陷入衰退危機，令廣大市民苦不堪言。

罷課得逞學校永無寧日

如果學生就修例問題在全港多間學校罷課，等同將反修例的政爭、暴力歪風擴散至校園，騎劫同學作為政爭工具，校園高度政治化，甚至成為宣揚對抗政府、培植反政府生力軍的平台，後果不堪設想。如果此次罷課得逞，難保未來因為各種議題、訴求再出現形形色色的罷課，學校將永無寧日，學生不能專心學業，香港未來堪虞。

2014年違法「佔中」期間，曾經有學校包括官校的學生發動罷課，校方採取寬鬆的態度應對，讓學生自由選擇是否罷課，甚至安排老師解釋、分享「佔中」的感受，更沒有對參與罷課作出任何處分。此次反修例罷課帶有強烈的反政府、

煽動對抗政治意味，造成的影響肯定比「佔中」更惡劣，令社會進一步撕裂。如果繼續以聽之任之的態度處理罷課，等同縱容罷課，這是害了學生，也破壞香港的法治、理性的社會價值觀。

嚴肅處理罷課學生教師

因此，政府、辦學團體、校方都必須高度重視、妥善處理，首先要表明校方尊重學生表達意見的權利和自由，但罷課不是合適的表達訴求方式，校方不僅不鼓勵、不支持，而且要堅決反對，確保校園安寧；積極疏導並鼓勵學生放棄罷課，把握時間裝備自己，以情以理輔導他們勿輕言罷課，並呼籲、要求教師嚴格遵照專業道德和操守緊守崗位，正當指導和照顧學生需要。對於屢勸不聽、帶頭罷課的學生，校方必須依據校規給予曠課甚至更嚴厲的處分；至於個別違反專業操守、罔顧師德而煽動、教唆罷課的教師，教育局、校方更應按照指引和校本條例嚴肅處理，令相關學生和教師清楚和承擔罷課的後果，讓其他學生和教師引以為戒。

此次反修例風波引發連場暴力衝擊，不少中學生亦被捲入其中，有報道指有被捕者年齡只得 12 歲，這令人痛心惋惜，也令人憂心忡忡。學生因被人「洗腦」，參與違法暴力行動，個人履歷留下難以清除的污點，人生未來之路難行；更可怕的是，學生形成反政府、反社會的觀念，崇尚以違法暴力手段推翻政制，香港未來還怎麼搞建設，把香港搞亂了，年輕人更無出路，只會陷入惡性循環。為避免激化政爭，讓香港早日重回正軌，亦為自己將來着想，學生應該放棄罷課，是時候停下爭議，不要讓愈演愈烈的政爭對抗、違法暴力毀了香港，毀了年輕人的前途。

2019-09-02 香港文匯報 A13 文匯論壇

只有止暴制亂
才能吸引投資保安全幸福

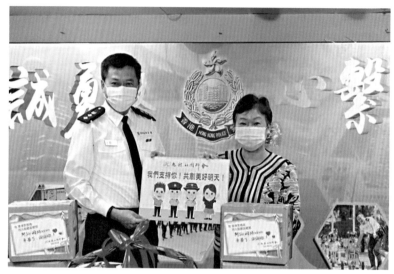

2021 年 2 月 2 日，到訪西九龍警察總部，送上慰問及表示支持。

　　為更有效壓制暴力，特區政府引用《緊急法》、落實《禁蒙面法》以利止暴制亂。可是社會有揮之不去的意見認為，實施「嚴刑峻法」會動搖香港國際金融中心的地位，嚇跑外來投資者。這種觀點明顯本末倒置。沒有法治安全的前提條件，香港保持國際金融中心、國際旅遊城市的地位，都是空談，事實也證明了這一點。當務之急，不僅要運用好《禁蒙面法》過止暴力惡行，政府還應密切關注形勢發展，必要時應採取更嚴厲到位的法律措施，給予警隊更大支持止暴制亂，讓香港重回法治安定的正軌，增強投資者、遊客和本港市民的安全感，讓香港這

顆東方之珠重拾昔日的風采。

　　香港曾經是全球最安全、最自由的國際城市，吸引來自四面八方的資金和遊客，由此締造了香港的富庶繁榮。但不要忘記，香港擁有這些的前提是良好法治、安全有保障。此次暴力運動中，有人不斷揚言，香港要學烏克蘭，試問烏克蘭有條件成為國際金融中心、國際旅遊城市嗎？

法治安定才能吸引投資和遊客

　　令人憂慮的是，為了把香港變成烏克蘭，本港有人處心積慮升級暴力。有的士司機、藝人被打至血流披面，甚至幾乎喪命，記者遭汽油彈擲中燒傷、不同意見人士遭圍毆浴血；有商戶一再遭騷擾要挾，被要求付款「贖罪」；有暴徒更猖狂地在道路查車、進入住宅大廈逐家逐戶逼問是否支持「革命」，否則會遭受懲罰；一再發生警察被襲、搶佩槍的事件；港鐵、銀行的設施屢屢被毀，暴力衝擊遍布全港各區，銅鑼灣、旺角等鬧市區經常淪為「戰場」。

　　香港的法治、安全已陷於失控的邊緣，昔日繁華熱鬧的市區變成死城，普通守法市民人人自危，在如此惡劣的條件下，難道不應採取更嚴厲措施止暴制亂，反而還要對暴力放任放縱嗎？加強法治會令投資者擔心？這種說法，未免太自欺欺人，甚至別有用心。

止暴制亂仍是當務之急

　　因為暴力衝擊曠日持久，目前全球有 20 多個國家向香港發出旅遊警示，當中包括不少把暴力衝擊視為和平示威的西方國家；香港旅遊業議會表示，上月內地入境團旅客人數，和內地入境團登記數字均較去年同期大跌逾九成；有報道指出，因為香港社會不穩，近期數據顯示，資金加快流向新加坡。

　　皮之不存，毛將焉附。暴力無法無天，無日無之，連安全保障都做不到，香港如何奢談經濟、民生發展？如何吸引投資者和遊客？國家主席習近平一再強調，要不斷提高人民群眾的安全感、幸福感，「使人民獲得感、幸福感、安全感更加

充实、更有保障、更可持續」。香港當前最重要、最迫切的任務，仍然是止暴制亂，運用好一切法律手段提升執法效率，打擊近乎恐怖主義的「黑衣暴力」，恢復市民的安全感。只有擁有安全的大前提，政府才能推進各項發展經濟、改善民生的政策，增強市民的獲得感、幸福感。廣大市民應看清止暴制亂和安全幸福的因果關係，不受似是而非言論的誤導，大力支持政府、警隊打擊暴力，恢復法治。

在政府止暴制亂中，打擊假記者是很重要的一環。修例風波以來，經常有大批披着傳媒工作者外衣的人，打着記者的名義，阻礙警方執法，充當暴徒的保護傘，並大肆進行偏頗的文宣，美化暴徒、抹黑警方，乃至散布謠言謊言，唯恐香港不亂。對此，政府更要迎難而上，對採訪暴亂的媒體加以必要約束，可考慮由政府部門頒發記者證，以杜絕假記者、假新聞，不要讓人利用媒體令香港亂局火上澆油。

2019-10-14 香港文匯報 A12 文匯論壇

暴力衝擊新華社
維護國家安全更顯迫切

2022 年 9 月 16 日，九龍社團聯會舉辦第一期「國安家好」研習班，保安局鄧炳強局長應邀擔任香港國安法課程講師。

　　又一個周末淪為暴力氾濫日。剛過去的周六，反對派在維園搞的所謂區議會選舉候選人集會，再次演變成大規模暴力衝突，黑衣暴徒肆虐港島，更破壞新華社亞太總分社大門，投汽油彈縱火。事實證明，在反對派、縱暴派包庇下，黑衣暴徒危害國家安全、侵害新聞自由的暴行變本加厲，更加證明四中全會提出「建立健全特別行政區維護國家安全的法律制度和執行機制」的必要性和迫切性；也更加暴露反對派不可能給香港帶來民主自由。本屆區議會選舉，廣大選民一定要力挺愛國愛港候選人，才能堅守香港的核心價值，保障長期繁榮穩定，避免香港

陷入法治管治完全癱瘓的亂局。

　　新華社亞太總分社是國家在港設置的新聞機構，承擔亞太地區的新聞報道任務。暴徒打砸新華社亞太總分社辦公大樓，對法治視若無睹，更是對國家新聞機構的嚴重挑釁，對新聞自由的肆意踐踏。反對派一向視新聞自由為神聖不可侵犯的權利，連要求約束假記者的必要舉措，都搬出諸多冠冕堂皇的借口來抗拒。但對於暴徒破壞、威脅國家新聞機構的暴行，卻不見反對派立即出來嚴厲譴責，不重申捍衛新聞自由，其效果就是默許、縱容暴行。

縱容危害國家安全暴行後果嚴重

　　反修例暴力運動的本質是顛覆「一國兩制」的「顏色革命」，暴徒通過愈演愈烈的違法暴力行為，宣洩散布仇恨國家、挑戰「一國兩制」底線的「港獨」情緒。而反對派、縱暴派從不阻止，從不與暴徒割席，反而不斷淡化暴力惡行，為暴徒開脫罪責。暴徒圍堵破壞中聯辦大樓，玷污國徽，踐踏國旗，反對派、縱暴派竟然聲稱，破壞的只是「死物」，其毫不尊重國家民族之心暴露無遺；更不可接受的是，有人干犯侮辱國旗罪，只是被判社會服務，有人塗污美國駐港總領館大閘卻被判即時入獄4周，明顯雙重標準。包庇縱容侮辱國家的行為，會有什麼後果，可想而知。

　　暴徒的惡行從針對中資銀行、商戶，發展到破壞新華社亞太總分社，仇中抗中的暴力不斷升級，必須依法制止，不能再任其胡作非為，衝擊「一國兩制」和香港法治安定，否則香港永無寧日，繁榮富庶更蕩然無存。

　　中共十九屆剛結束的四中全會發布公報提出，堅持和完善「一國兩制」制度體系，必須嚴格依照憲法和基本法，對香港和澳門特區實行管治，維護港澳長期繁榮穩定；建立健全特別行政區維護國家安全的法律制度和執行機制。在四中全會新聞發布會上，全國人大常委會法工委主任、港澳基本法委員會主任沈春耀解讀全會《決定》時提出中央對治理好港澳的工作任務和要求，當中也包括「建立健全特別行政區維護國家安全的法律制度和執行機制，支持特別行政區強化執法

力量」。

「一國」是「兩制」的前提和基礎，當前暴徒針對國家的暴行持續升級，維護國家安全和利益，捍衛國家尊嚴，特區政府責無旁貸、首當其衝，不能光靠香港警隊孤軍作戰，所有政府部門都要更積極主動止暴制亂，各司其職，互相配合，嚴正執法、公正司法，震懾危害國家安全、損害國家尊嚴的暴行，保證「一國兩制」繼續成功落實。

用選票懲罰暴力護法治穩定

目前在暴力陰影的籠罩下，不少反對派、縱暴派的代理人得以「入閘」參選，這些人本身就認同主張「自決」、「港獨」，同情暴徒，廣大市民已經擔心本屆區議會選舉充斥暴力，選舉公平公正成疑，更擔心未來的區議會變得高度政治化，爭拗無日無之，進一步令社區撕裂，令香港內耗蹉跎。上周六的反對派區議會選舉候選人集會，打着和平集會的旗號，結果再次引發大規模暴力衝突，有部分候選人更帶頭施暴，破壞法治，製造混亂。

市民、選民必須擦亮眼睛，看清反對派、縱暴派與暴力同流合污，他們企圖通過逐步控制區議會、立法會乃至特首選舉，搶奪香港的管治權，把香港推向法治不彰、是非顛倒的危險邊緣。因此，如今首先不能讓反對派、縱暴派的代理人進入區議會，要用選票懲罰暴力，表達港人護法治、求穩定的強烈主流民意，支持特區政府止暴制亂，推動香港形勢根本好轉。

2019-11-04 香港文匯報 A11 文匯論壇

群策群力反攬炒　助香港再出發

為更好地落實各項融入國家發展大局的具體工作，香港再出發大聯盟成立了「出發大灣區」小組，每位副秘書長分別領導一個小組，負責對接大灣區內其中一個城市的各項事宜。

　　由全國政協副主席董建華和梁振英發起的「香港再出發大聯盟」，凝聚了本港不同界別的 1500 多位人士，大家同心同舟、群策群力，以愛護建設香港為己任，發揮各自的資源和優勢，齊抗疫、反攬炒，為香港做實事，助香港再出發。

　　2019 年，香港經歷了大規模的動亂，黑暴到處「私了」市民、破壞政見不同的商戶，嚇走遊客，企業苦不堪言，元氣大傷，新冠疫情又突襲而來，香港的經濟、民生進一步惡化，第一季本地生產總值較 2019 年同期下跌 8.9%，是有紀錄以來的最大跌幅。零售業受到的影響最大，3 月總銷貨價值按年大跌 42%，連跌 14 個月，失業率更攀升至近 4.2%，香港正面臨十多年來最嚴峻的挑戰。

　　更令人擔憂的是，正當近日疫情稍為轉好，大家期待重啟經濟，但黑暴再次到處非法聚集，行動更有所升級，於公眾場所放置爆炸品，勞動節當日再出現激烈違法行為「遍地開花」的現象，反對派政客在議會的拉布愈演愈烈。

　　事實證明，黑暴、攬炒重臨，甚至催生本土恐怖主義，香港多年來建立的安全形象蕩然無存，市民不敢外出消費，投資遊客不願來港，政府即使推出再多紓困措施，也不可能阻止企業倒閉潮、裁員潮，廣大市民必然要吞下攬炒的惡果苦果。黑暴破壞法治，動搖了香港繁榮穩定的基石，正如國務院港澳辦發言人所指：「黑暴一日不除，香港一日不寧。」

　　國務院港澳辦、香港中聯辦一再主動發聲，嚴厲譴責反對派胡作非為，呼籲香港各界以正壓邪，特區政府和警方積極作為，嚴正執法，有效壓抑了黑暴的囂張氣焰。廣大市民必須認識到，反黑暴、反攬炒，關乎市民的切身和未來利益，不能單靠特區政府，社會各界和廣大市民都應責無旁貸，凝聚強大正義力量，阻止議會的「政治攬炒」和街頭的「暴力攬炒」，大大壓縮黑暴的生存空間，香港才能早日重回法治穩定、聚焦發展的正軌。

　　過去一段日子，年輕人受偏激錯誤的言論誤導，內心充滿負能量，更走上違法暴力的歪路。今年經濟急劇轉差，不少企業精簡人手，就業機會大幅減少，也影響了年輕人的前途，難免增加他們對社會的怨氣，增添香港不安穩的風險。

　　幫助年輕人尋找出路、重燃希望的工作迫在眉睫，也是社會各界的責任擔當。大聯盟當中有各行各業的精英，遍及地產、金融、電訊、法律、教育等行業和界別，這些人士有豐富的資源和經驗，可以幫助年輕人積累工作經驗，增強競爭力，甚至走向內地和國際市場發展，避免年輕人虛耗光陰，不會再受反對派、攬炒派的利用而誤入歧途。

　　年輕人在學校學習的主要是理論，跟現實社會有差距，更缺乏職場所需要的技能。大聯盟可以對香港及內地市場進行深入調查，找出缺乏人才的行業，為年輕人提供相關的技能培訓，助年輕人增值，為他們製造「向上流動」機會。

　　香港不能再亂了，這是香港的主流聲音。社會各界必須團結一心，共同堅守法治、抵制黑暴攬炒，只有這樣，香港才能早日復原，於國際舞台再起飛。

2020–05–09 香港文匯報 A13 文匯論壇

香港國安法為「一國兩制」保駕護航

2021年9月29日，九龍社團聯會成立「國家安全及國民教育推廣委員會」，培養青少年國家觀念、國民身份認同和國家安全意識。陳國基司長出席。

去年修例風波，香港法治混亂、黑暴橫行的混亂日益令人擔心，鼓吹「港獨」的歪風越來越明目張膽，如今全國人大啟動香港國安立法，振奮港人、安定人心。中央出手立法審時度勢、深思熟慮，不僅堵塞香港維護國家安全的漏洞，為香港「一國兩制」保駕護航，也有利於香港保持繁榮穩定、安居樂業，出發點完全是為了保障香港人的利益，這正是所有希望香港好、以香港為家的人所期盼的。

大家都看到，因為香港維護國家安全的法律長期存在短板，基本法二十三條本地立法一直未能完成，導致分離國家、影響香港穩定和諧的政爭愈演愈烈，由違法「佔中」、「旺暴」，再到去年開始的修例風波，違法暴力抗爭越來越厲害。

黑暴攬炒露「顏色革命」特徵

即使特區政府早已終止了修例工作，但反對派在外部勢力的配合下，不斷挑動政府和市民之間的對立，「港獨」和本土激進分離勢力活動日益猖獗，暴徒肆意侮辱國旗、國徽，無底線的「社會攬炒」、「經濟攬炒」、「政治攬炒」愈演愈烈，本土恐怖主義的暴力活動更不斷升級，反對派政客更揚言，要在今年的立法會選舉奪取過半數議席，繼而癱瘓政府管治。這些暴力攬炒行為，顯然已衝擊「一國兩制」的底線，帶上「顏色革命」的特徵，企圖把香港作為遏制中國的棋子，變成顛覆中國的橋頭堡。

國家安全沒有保障，法治不彰，社會不穩，香港受到的衝擊首當其衝，災難性的後果日益明顯，首先嚴重破壞了香港的營商環境和國際形象，國際權威機構連番下調香港信貸評級，香港痛失連續保持 25 年的全球最自由經濟體地位；其次，香港的經濟增長率、失業率、消費信心指數等重要指標，也跌至近 10 年來低位，可以說香港政治、經濟、社會發展都處於相當危險的境況，再不阻止亂局惡化，將更難以收拾，香港各界、廣大市民對此無不憂心忡忡。

黑暴攬炒與外部勢力深度勾連，嚴重衝擊法治及「一國兩制」，正是因為香港自己已經不能控制、防止局勢惡化，中央經過長期的分析研判，已不得不出手訂立國安法，依法懲治「港獨」黑暴，保障香港長治久安和繁榮穩定。

國安法保障國家和香港利益

鄧小平曾指出，「切不要以為香港的事情全由香港人來管，中央一點都不管，就萬事大吉了。這是不行的，這種想法不實際。中央確實是不干預特別行政區的具體事務的，也不需要干預。但是，特別行政區是不是也會發生危害國家根本利益的事情呢？難道就不會出現嗎？那個時候，北京過問不過問？難道香港就不會出現損害香港根本利益的事情？能夠設想香港就沒有干擾，沒有破壞力量嗎？我看沒有這種自我安慰的根據。如果中央把什麼權力都放棄了，就可能會出現一些

混亂，損害香港的利益。所以，保持中央的某些權力，對香港有利無害。」

　　現在香港果然出現損害國家和香港根本利益的事情，中央正是本着維護香港利益行使權力，恢復香港的法治安定，這是中央對國家和香港的責任擔當。

　　中央推出香港國安法，只是針對極少數危害國家安全的行為和個人，不會影響「一國兩制」、「港人治港」、高度自治的方針在香港的實施，不會改變香港實行的資本主義和法律制度，更不會影響港人依法享有的各項權利和自由，香港社會各界、廣大市民心明眼亮，對國安立法之後的香港更有信心。

2020-05-26 香港文匯報 A22 文匯論壇

基本法是「一國兩制」
行穩致遠的定海神針

今年是香港基本法頒布 30 周年。基本法是香港保持繁榮穩定、「一國兩制」行穩致遠的定海神針。在香港回歸 23 年、落實基本法的過程中，給人最大的啟示就是，任何時候都要堅持維護國家主權安全和保持香港繁榮穩定的初心，任何時候都「必須把維護中央對香港特區全面管治權和保障特區高度自治有機結合起來」，始終準確把握「一國」和「兩制」前提的原則。違法「佔中」、旺角暴亂、修例風波正正是以扭曲的「兩制」觀衝擊「一國」，動搖香港法治穩定，幾乎摧毀香港的繁榮穩定。香港國安法的出台、實施，豐富了基本法，完善了香港維護國家安全的法律制度和執行機制，為香港落實「一國兩制」撥亂反正。香港只有依法保障國家主權安全、維護基本法權威，堅守「一國兩制」初心，確保「一國兩制」不走樣、不變形，始終沿着正確方向前進。

基本法的實施不僅實現了香港的和平回歸，而且維持了香港「馬照跑、舞照跳」的生活方式至今，這就是「一國兩制」的真正初心。習近平在中共十九大報告中強調：「必須把維護中央對香港特別行政區全面管治權和保障特別行政區高度自治權有機結合起來，確保『一國兩制』方針不會變、不動搖，確保「一國兩制」實踐不變形、不走樣」。落實『一國兩制』，要始終堅持把握「一國」和「兩制」的關係，「一國」是根，根深才能葉茂；「一國」是本，本固才能枝榮。

維護國家安全是基本法核心內容

「一國」和「兩制」的關係清楚列明於基本法。基本法第一條訂明：「香港特別行政區是中華人民共和國不可分離的部分」。基本法第十一條亦說明「根據中華人民共和國憲法第三十一條，香港特別行政區的制度和政策，包括社會、經濟制度，有關保障居民的基本權利和自由的制度，行政管理、立法和司法方面的

制度，以及有關政策，均以本法的規定為依據。香港特別行政區立法機關制定的任何法律，均不得同本法相抵觸。」基本法第十二條規定：「香港特別行政區是中華人民共和國的一個享有高度自治權的地方行政區域，直轄於中央人民政府。」這條規定更明確了香港特別行政區的法律地位，是基本法規定特別行政區的職權範圍及其同中央的關係的基礎，顯示尊重國家領土完整、維護國家主權安全，是基本法最核心的內容。

在強調「一國」的前提下，中央不遺餘力維護「兩制」，一再重申要根據基本法維持好「兩制」和繼續保持香港的繁榮穩定，繼續給予「兩制」極大的空間，香港所享有的高度自治，香港作為一個地方行政區域所享有的立法權、司法權，是包括歐美在內絕大多數國家的地方行政區域都不能享受的。總的來說，「一國」是「兩制」的前提，只有真心誠意地堅守「一國」，「兩制」才能得到持續有效的發展。回歸以來，香港保持 20 多年全球最自由、最具競爭力、法治最好的國際城市聲譽，保持國際金融、經貿中心的地位，正正顯示在基本法保障下「一國兩制」的強大生命力。

可是，本港的反中亂港勢力及其支持他們的外部勢力，包括一些所謂法律學者，長期曲解基本法，將香港享有的「高度自治」扭曲為「全面自治」；從不強調基本法中要求維護國家主權安全的條文，卻妖魔化、污名化維護國家安全的條文，千方百計阻礙基本法二十三條本地立法，片面要求落實「雙普選」，以扭曲的「兩制」凌駕、對抗「一國」，不斷去中央化，企圖把香港變成獨立半獨立的政治實體，乃至明目張膽鼓吹煽動「港獨」，嚴重危害國家安全，也嚴重違背基本法的初衷和精神。2014 年的非法「佔中」、2016 年的旺角暴亂、2019 年的修例風波，以及今年反對派揚言企圖通過立法會選舉「攬炒香港」，就是赤裸裸挑戰中央權力和香港基本法權威，不僅衝擊「一國兩制」底線，更對香港法治穩定、港人利益造成巨大傷害。對於這些奪權亂港行動，中央和 700 萬港人都堅決反對。

國安法完善「一國兩制」和基本法

令人欣慰的是，在香港落實「一國兩制」的關鍵時刻，中央果斷出手，全國人大常委會制定了香港國安法；依照基本法第十八條第三款，香港國安法已列入香港基本法附件三，其法律地位高於香港本地法律。香港國安法第六十二條明確規定，香港特別行政區本地法律規定與本法不一致的，適用本法規定。同時規定，香港國安法的解釋權歸由全國人大常委會行使。這一規定，有利於維護基本法與香港國安法的權威，有利於及時、有效地解決香港國安法實施中可能出現的衝突，完善了香港維護國家安全的法律制度和執行機制，是「一國兩制」實踐不斷完善和規範化、法律化的體現。

香港國安法的出台落實，香港迅速恢復了法治穩定，「港獨」「自決」等反中亂港現象被有效遏止，香港形勢發生積極好轉。事實證明，香港堅持全面準確落實基本法，正確看待維護國家安全和香港發展的合法性、必要性，堅守「一國兩制」的初心和核心要義，堅定不移落實「一國兩制」，保障香港長期繁榮穩定。

2020 年 8 月 10 日紀念基本法頒布三十周年專頁文章

人大決定體現中央對港全面管治權

全國人大常委會 11 月 11 日的決定，為規範和處理香港特區立法會議員的資格問題提供了堅實的法律基礎，具有不容挑戰的權威性。特區政府同日宣布，楊岳橋、郭榮鏗、郭家麒及梁繼昌即時喪失議員資格（「DQ」）。須注意的是，人大常委會今次是立法，而不是釋法，意即中央是直接出手立法，具有不容挑戰的權威性。由落實香港國安法到此次人大決定，充分體現中央對香港全面管治權，推動香港由亂到治，恢復法治穩定，為香港重回發展正軌創造有利環境。

依據憲法，香港特區的權力全部由中央授予，這是中央對香港擁有全面管治權的邏輯起點。香港基本法也對中央權力作了全面而具體的規定，中央在對特區充分授權的同時，在行政、立法、司法，人事權、財權、事權等各個領域、各個環節，都保留了全面管治權。

將「愛國者治港」原則法制化

從香港國安法到此次人大決定，是落實中央對港全面管治權的兩大步驟。第一步驟是繼香港基本法之後，中央為香港專門制定的第二部重要法律，把「一國兩制」的原則和底線進一步法律化，填補了香港維護國安的短板，築牢了在香港防控國家安全風險的制度屏障；第二步驟意義不亞於第一步驟，為本港從政者履行對國家和特區效忠的憲制責任和政治倫理劃定底線、立下規矩，將「愛國者治港」的原則法制化，進一步確立了中央對香港特區權力架構人事的全面管治權，不再允許反中亂港政客進入特區的行政、司法和立法等管治架構中。這與香港國安法的立法精神一脈相承，都是對「一國兩制」下中央對港全面管治權的重大舉措。

此次人大決定，將「愛國者治港」這個「一國兩制」核心要求法律化、制度化，

更加突出對香港高度自治的制度化保障與監督，也更加凸顯中央管治權與香港自治權的有機結合，是「一國」制度建設的重要里程碑。

「DQ4」喪失立法會議員資格，另外 15 名攬炒派立法會議員隨即上演「鬧辭」的醜劇，試圖博得同情，爭取外國勢力的干預。國務院港澳辦發言人發表談話指出，這幕鬧劇充分暴露了部分反對派議員為了政治私利而罔顧市民利益的本性，再次表明了他們與中央對抗的頑固立場，實際上是挑戰基本法和全國人大常委會有關解釋和決定，對抗中央對香港的全面管治權。

尊重中央管治權是政治規範

國務院港澳辦常務副主任張曉明日前出席一個論壇時表示，全國人大常委會就香港特區立法會議員資格問題的決定，不僅為特區政府即時取消 4 名反對派議員資格提供了堅實的法律基礎，亦為今後處理此類問題立規明矩。他強調，愛國愛港者治港，反中亂港者出局，這是「一國兩制」下的一項政治規矩，現在也已經成為一項法律規範。希望反對派議員能夠看清形勢，痛改前非，回到尊重中央管治權、效忠基本法和香港的正軌，為自己的政治前途作出正確而明智的抉擇。

2020-11-21 香港文匯報 A13 文匯論壇

宣誓效忠保障「一國兩制」行穩致遠

特區政府日前向公務員隊伍發出通告，要求去年 7 月 1 日之前受聘的公務員需宣誓或簽署聲明，同時擬在農曆新年後向立法會提交條例草案，落實全國人大常委會就基本法第 104 條的解釋和有關立法會議員資格問題的決定的條例草案，強化公職人員的宣誓規定和相關安排，並會將區議員宣誓納入修訂範圍。沒有任何一個國家會對公職人員違誓、背叛國家的行徑視而不見。在香港，公職人員需要宣誓實乃天經地義。希望透過推動公職人員全體宣誓，並以相應的法律法規監督宣誓效忠，確保「愛國者治港」，讓反中亂港者出局。

公職人員宣誓效忠國家及憲法制度並非「香港特產」，而是國際慣例。絕大多數有成文憲法的國家都明確規定，官員任職前要進行忠於憲法的宣誓，並且將舉行宣誓儀式作為宣誓者開始執行職務的必要條件。據統計，在聯合國 193 個成員國中，有 177 個國家都將公職人員宣誓制度明確寫入憲法當中。

177 國規定公職人員須宣誓

美國總統拜登本月 20 日率一眾新任官員宣誓就職，然後展開新政府的一連串工作。美國上至總統下至所有聯邦僱員，都必須宣誓，目的就是在上任第一天就提醒他們，要支持和捍衛美國憲法，忠實地履行自己的職責，對人民負責。在英國，任何人拒絕效忠女王，就算取得再多選票，也無法進入議會出任議員。

回看香港，經過反修例風波事件，不僅全體公務員隊伍宣誓效忠具有迫切性和必要性之外，區議會宣誓效忠同樣刻不容緩。反對派佔據區議會後，多個區議會淪為侮辱抹黑警員及政府官員、撕裂社會的政治舞台，令區議會失去專注地區、服務市民的本來作用。區議員也必須宣誓效忠，是區議會撥亂反正的必要舉措。

有反對派區議員詭辯區議員並非公職人員，因此不需要宣誓，企圖混淆視聽。

全國港澳研究會副會長劉兆佳早對此指出，區議員雖透過選舉產生，但該職位領取公帑行使公共職能為市民服務，且有界別代表晉身立法會與特首選舉委員會，有其明顯的政治目的，所以區議員宣誓是理所當然。香港城市大學法律系副教授、經民聯立法會議員梁美芬亦指出，區議員與其他公職人員一樣，不論政見為何，他們必須清楚明白，出任公職等於成為建制的一部分，絕不能做出任何危害「一國兩制」及違反基本法的行為。

公職人員須擁護基本法和「一國兩制」

公務員、立法會議員、區議員都是公職人員，都應該宣誓效忠，盡忠職守，全心全意服務市民，根本無可非議，這是作為公職人員的最基本要求，也是公眾的期望。政府不僅需要全力落實有關宣誓的安排，更要建立監督機制，確保宣誓不會淪為一句口號，必須制定若干懲處追究機制，確保公職人員在日後的公職工作中遵守誓言，否則將被依法追究，包括被辭退公職、褫奪議席。宣誓不僅是一紙文書或者幾句口號，而是透過宣誓可向公眾展示公務員隊伍的忠誠與承擔，因為公職人員絕對有責任擁護基本法和落實「一國兩制」。

2021-01-28 香港文匯報 A14 文匯論壇

不容美化暴力顛倒是非禍港害民

2019年11月8日，組織一眾愛國愛港市民到灣仔警察總部，發起支持香港警察嚴正執法及慰問警察。

　　繼7月1日晚銅鑼灣鬧市刺警案，日前警方又瓦解企圖策劃恐怖襲擊的組織「光城者」，顯示具有恐怖主義性質的暴力威脅揮之不去、近在眼前。但是，仍有人美化暴力，反映在香港國安法落實一年，香港迎來由亂到治，反中亂港勢力仍不甘心失敗，透過或明或暗的途徑，死心不息顛倒是非，煽動暴力對抗、延續仇恨，阻止香港恢復法治安寧。社會各界、廣大市民必須義正詞嚴譴責暴力惡行以及美化暴力的荒謬言論，不容縱暴煽暴的歪理誤導市民、禍害香港，確保香港長治久安。

　　中央果斷出台實施香港國安法，本港警方堅決依法止暴制亂，「港獨」囂張

氣焰被遏制下去，暴力惡行明顯收斂，但反中亂港勢力並未善罷甘休，仍不放棄修例風波以暴力攬炒香港的妄想，外部勢力不斷對香港落實國安法恢復法治穩定指手畫腳，本港反中亂港組織仍企圖策劃反中央、反特區政府的示威遊行，有人利用網絡大肆鼓吹在「七一」當日進行違法抗爭。此次「孤狼」刺警案，正是反中亂港勢力互相勾結、大力煽動的惡果。

　　暴力襲擊固然是嚴重罪行，一定要嚴懲不貸，而美化兇徒，英雄化暴力行為，包括有人到現場獻花「悼念」兇徒，更令人髮指。有人更稱悼念是「出於同情或表達對政府不滿」，這更是顛倒黑白，刻意淡化兇徒罪行，挑撥市民對香港國安法、對政府的不滿，撕裂社會。事實上，美化襲警兇徒的言行，與「佔中」鼓吹的「違法達義」一樣，都是顛倒是非，鼓勵違法暴行，挑戰法治、文明的底線。

　　世界上任何法治文明的國家，包括所謂民主自由的西方國家，襲警行為毫無疑問會遭到嚴厲的譴責和法律制裁，為襲警罪行叫好的言行更不會被社會道德、法律規範所容忍。在美國，可以到「911」現場獻花「悼念」施襲的兇徒？今年英國西南部的布里斯托爾發生暴力衝突，英國首相約翰遜在社交網站發文表示，警察遭到可恥攻擊，形容襲警的人是「暴民」。特區政府政務司司長李家超亦指出，到銅鑼灣警員遇襲地點獻花的人，意識非常壞，等同叫人繼續做恐怖活動。他強調任何人宣揚或煽動恐怖活動，有可能違反香港國安法。

　　清除修例風波催生的極端暴力流毒任重道遠，防範、打擊極端恐怖罪行絕不能掉以輕心，社會各界更必須遏止美化極端暴力、煽動仇恨的言行，做到露頭就打、絕不手軟；同時要着力重建守法意識，加強國情公民教育，讓香港從思想上撥亂反正。

2021–07–08 香港文匯報 A16 文匯論壇

美國所謂「制裁」注定失敗

　　7月16日，美國政府宣布「制裁」香港中聯辦七位官員，並散布有關香港營商環境的荒謬言論。中央政府有關部門和特區政府已對此予以堅決反對和強烈譴責。可以預料，就如此前美國「制裁」多名中央和特區官員一樣，這絲毫不會動搖中央和香港特區政府維護國家主權、安全、發展利益的決心，不能阻擋香港國安法和新選舉制度的實施，必將遭到中方的堅決反擊。美國對香港營商環境的政治抹黑，損害香港國際商業樞紐聲譽的圖謀，在香港由亂及治的大勢面前，也不會得逞。

　　美國此次制裁香港中聯辦七位官員，粗暴干涉中國內政，再次暴露了其蠻橫無理的霸凌行徑和醜惡嘴臉。正如中聯辦聲明所指出，「美國制裁，廢紙一張」，除了更加激起對美國政客的蔑視、更加激發為國家利益而戰的堅強意志外，毫無其他意義。

香港法治經濟更加穩固

　　美國在2019年香港修例風波中的種種抹黑，顛倒是非，美國有政客甚至把發生在香港的「黑暴」行徑稱為「一道美麗的風景線」，而當同樣的場景今年在美國國會上演時，他們就稱之為「暴亂」，十足的雙重標準。

　　為應對修例風波期間香港的嚴峻局面，去年中央制定香港國安法。從香港國安法實施一年來的效果看，無論是香港市民還是在港企業，大家都不再受到街頭暴力的威脅，港鐵和商場不會被打砸，人身安全和企業運作得到充分保障，很多外資企業告訴我，國安法讓企業更有信心並決定繼續留在香港營運，香港各方面都變得更安全、更穩定。

　　香港的法治和司法獨立並沒有因為香港國安法的實施而受到衝擊，司法機構

一如既往獨立運作,行使基本法賦予的獨立審判權。2020年香港新股集資額超過5000億港元,比上年增加超過五成,銀行體系的總存款額比上年增加超過5%,基金管理資產淨值亦比上年增加約兩成,這些數據都顯示投資者並沒有對香港卻步,香港國際金融中心地位沒有絲毫動搖。但這些顯然不是某些西方國家和反華勢力所樂見,他們聲稱「香港的情況正在惡化」,「香港的營商環境在過去一年變差」,與普通市民的觀感南轅北轍,完全是無視事實、顛倒黑白。

美歐搬石頭砸自己的腳

習近平總書記在慶祝中國共產黨成立100周年大會上強調:「中國人民也絕不允許任何外來勢力欺負、壓迫、奴役我們,誰妄想這樣幹,必將在14億多中國人民用血肉築成的鋼鐵長城面前碰得頭破血流!」

全國政協副主席、國務院港澳辦主任夏寶龍日前在「香港國安法實施一周年回顧與展望」專題研討會上,也正告美國和歐洲議會的一些政客:「你們粗暴地踐踏國際法、干涉我國的內政,對我們做的毫無意義的所謂制裁,只能更加激起我們的憤怒和對你們的蔑視,只能不斷敲響你們在香港的代理人——反中亂港分子的末日喪鐘,只能是搬起石頭重重地砸在你們自己的腳上。」美國的一些政客和反華勢力應該好好體會一下這兩段話。

香港是中國不可分割的一部分,香港事務純屬中國內政。美國的霸凌行徑,除了讓世界進一步看清美國霸權主義和強權政治的真面目,激起廣大中華民族對美國政府的憤慨和蔑視,激發內地和香港民眾堅定支持中央和特區政府反對美國「制裁」的決心。美國的圖謀注定失敗!

2021-07-20 大公報 A12 慧言真語

反中亂港是死路一條

繼《蘋果日報》自行停刊、教協宣布解散後，另一反中亂港組織「民間人權陣線」（簡稱「民陣」）也於日前宣布解散。消息一出，愛國愛港市民無不拍手稱快。

「民陣」在聲明中稱，過去 19 年來，香港市民與「民陣」一同經歷反二十三條、反高鐵、非法「佔中」、「修例風波」等事件，並宣稱遊行人數多次創造紀錄云云。這句自白清楚表明了「民陣」的本質，就是「逢政府必反」。基本法第二十三條立法是香港特區的憲制責任，「民陣」反對；廣深港高鐵香港段將香港連接內地高鐵網絡，便利兩地交通往來，利港利民，「民陣」反對；在「反國教」、非法「佔中」、「修例風波」等一系列亂港事件中，「民陣」從未缺席。正如中聯辦發言人所說：「回歸以來，香港發生的多起非法集會、暴力對抗，都與『民陣』的煽動、策劃、組織直接相關。」

從 2003 年開始，「民陣」每年組織「七一遊行」，把回歸紀念日搞得烏煙瘴氣，把銅鑼灣到灣仔金鐘的主幹道變成他們的表演舞台，給市民正常出行造成嚴重不便。他們號稱參加遊行的人數，早就被人詬病「報大數」。2019 年「修例風波」期間，「民陣」策動的多次遊行集會，最終都演變成騷亂，暴徒肆意衝擊政府總部和立法會、在多區堵路縱火、打砸港鐵和商舖、襲擊不同政見的市民，罪行纍纍，「民陣」都脫不了關係。「民陣」的歷史，一言以蔽之，其本質是反中，其目的是亂港，其下場必然是覆滅。

自今年 3 月傳出「民陣」涉嫌違反《社團條例》和香港國安法被調查後，多個會員團體爭相「跳船」自保，僅剩幾個組織在死撐。在警方的調查還未結束之際，「民陣」匆匆宣布解散，是為了逃避法律的制裁。

「民陣」在其解散聲明中還在煽情打「悲情牌」，誣衊遭到政府打壓，妄圖

博取市民同情。這樣的伎倆是騙不了人的。「民陣」雖然解散了，但其犯下的罪行不會就此輕易抹去。我們堅決支持警方繼續追究「民陣」是否違反香港國安法及其他香港法例，對其主要骨幹開展調查取證，依法檢控，以儆效尤。

「民陣」宣稱將約 160 萬元資產捐予合適團體，警方還要繼續追查「民陣」的收入來源和使用情況，是否涉及外部勢力政治獻金？是否存在洗黑錢行為？這些問題都應給民眾一個清晰交代。

香港國安法實施一年多來，巨大的威懾力日益顯現，反中亂港分子或割席自保、或退出政壇、或潛逃海外、或不再張狂，反中亂港組織則紛紛作鳥獸散，香港終於迎來朗朗晴空。隨着特區選舉制度的完善，反中亂港分子必將被排除在特區管治架構之外，香港終將踏上良政善治的正軌，經濟民生領域深層次矛盾和問題也將逐步得以解決。

我們希望那些曾經誤入歧途的人，看清大勢，幡然悔悟，積極轉變過往反中亂港的對抗心理，積極主動配合警方調查，給自己和所屬的組織機構找到新的出路，而不是頑抗到底走上不歸路。曾經支持他們的香港市民，也要擦亮眼睛，認清這些組織的本質，不要被他們的謊言和口號所蒙蔽。反中亂港，沒有出路。愛國愛港，才是康莊大道！

2021-08-17 大公報 A12 慧言真語

第四章

同心抗疫

有信心愛心齊心　抗疫一定贏

2020 年 3 月 3 日，與香港中華總商會同仁向中聯辦捐款港幣 400 萬元，支援內地防疫抗疫工作。

　　疫情持續之際，中聯辦主任駱惠寧先是走訪在港中資企業，呼籲中企強調要支持特區政府共同打贏抗疫阻擊戰，日前又向港區全國人大代表、政協委員發信，以同舟之情，以及信心、愛心、齊心分享對疫情的看法，勉勵港人保持信心、攜手抗疫、走過崎嶇。駱主任的話真誠暖人，既充分體現中央對港的重視、關心和支持，也喚起港人守望相助，與內地同胞心連心、互馳援，拒絕「政治病毒」的干擾，堅信有愛就會贏，社會更有信心決心戮力同心、扛鼎逆行。

　　疫情來勢洶洶，人心難免徬徨，市民不僅擔心健康安全，出現口罩、酒精等

衛生用品的搶購潮，連大米、廁紙也被搶購一空，更加劇恐慌情緒。此時此刻，駱主任的公開信中指出，「信心是最有效、最持久的疫苗」，首要抓住抗疫的關鍵，並強調「祖國內地始終全力支持特區政府和香港市民防疫抗疫，有關部門和駐港中資企業正開足馬力，為穩定香港市場供應而努力。只要關口是通的，糧油米麵、鮮肉果菜乃至消毒液、紙巾等，會繼續源源不斷運來。」這大大增強了港人對抗疫的信心。

中央關心港人福祉

而日前他已考察在港中資企業，了解供應情況，要求在港中資企業認真貫徹落實習近平主席的重要指示精神和中央決策部署，充分發揮在市場供應和金融紓困中的積極作用，全力保供應、保民生，傳遞中央關心港人福祉的資訊，給香港派下「定心丸」。近日在各方面的共同努力下，包括口罩在內的物資供應恢復正常，更加說明在困難面前不悲觀不恐慌，相信有中央支持、香港各界自強團結，沒有越不過的山，沒有跨不過的坎。

在災難面前，最可怕的是大難臨頭冷漠無情，採取自私的以鄰為壑，利用政府徵用粉嶺暉明邨、美孚翠雅山房、火炭駿洋邨等地作為檢疫中心，煽動示威，甚至引起暴力破壞；更可怕的是，刻意將防疫政治化，煽動醫護罷工，連政府包機接返滯留日本港人的工作也受到別有用心的非議和抹黑；有人更糾纏「全面封關」、「拒絕內地人入境」等不合理的要求，利用防疫問題煽動抗爭，挑撥香港和內地的矛盾。這些行為都給防疫添煩添亂，大大增加疫情惡化的風險，所有人都難免淪為受害者。

所幸的是，港人堅信獅子山精神，廣大市民堅守同舟共濟、守望相助的共同價值，互愛互助、救人自救。面對一度甚囂塵上的醫護罷工，絕大多數「白衣天使」無畏無懼、堅守崗位，近 300 名私人執業醫護人員緊急支援醫管局；最終大多數醫護自願返回崗位照顧病人，罷工也無疾而終。正如駱主任公開信所指：「病毒面前，沒有人能夠獨善其身。我們需要隔離的是病毒，而不是人心」「那些趁

機播散不滿、人為製造區隔、刻意破壞兩地感情的人，終歸不得人心」。

齊心團結化險為夷

齊心團結，中華民族雖屢經大風大浪都化險為夷，香港經歷一次次危機考驗而浴火重生。如今唱響大江南北的抗疫歌曲《堅信愛會贏》歌詞寫道：「有難一起扛，共分擔才更堅強，風雨中凝聚民族的力量。」香港各界有信心、愛心、齊心，一定能夠早日迎來戰勝疫情的那一天，香港這個家也一定能夠經受住各種風雨考驗，再放光芒。

2020-02-22 香港文匯報 A17 文匯論壇

踴躍參與普檢　重振經濟改善民生

2020 年 5 月 8 日，多方籌措口罩、搓手液等防疫物資，並組織九龍社團聯會義工多次落區，向街坊派發物資，支援基層同心抗疫，共度時艱。

　　普及社區檢測計劃已經正式開展，檢測過程暢順舒適，市民反應熱烈，也證明針對檢測的各種抹黑謠言不攻自破，普及社區檢測只是防疫的必要舉措，不應受到政治化的干擾。本港能夠開展大規模的檢測，提升防疫能力，切實保障港人健康安全，受益於中央的大力支持，再度顯示中央始終是本港最堅強、最可靠的後盾，不論是政治、經濟、民生問題，在關鍵時刻，中央都會果斷出手，協助本港解決自己不能解決的困難。廣大市民充分感受到中央愛港挺港的情意，更積極參與檢測，以利本港有效控疫，盡快恢復與內地的正常經貿、人員往來，更好地

把握國家經濟回穩的機遇，為本港重振經濟、改善民生注入強大而持久的動力。

本港已經歷三波疫情，始終未能有效控制，尤其是第三波疫情形勢一度相當嚴峻，曾出現連續多日單日確診個案過百宗的情況，有多個不明源頭案例，令人擔心疫情有失控的危機，而本港檢測能力不足，成為有效控疫的明顯短板。在此重要關頭，中央派出支援隊支持本港檢測，讓本港有條件進行大規模檢測，得以找到隱形感染者，截斷社區傳播鏈，實現早發現、早隔離、早治療，邁出有效控疫的關鍵一步。

有效控疫的關鍵一步

眾所周知，普及社區檢測的成敗，取決於參與的檢測人數，人數越多，才有更大機會找到隱形感染者。但是，本港個別別有用心的組織和人士，總是用陰謀論看待中央支持香港的措施，總不樂見香港和內地互利互助，這些組織和人士不僅散播「檢測無用論」、不切實際，危言聳聽聲稱「檢測會造成人群聚集、交叉感染」，以及檢測的拭子會「插半個頭」，有所謂醫護組織更煽動市民杯葛檢測。防疫要靠科學，內地和外國的成功控疫經驗證明，大規模檢測是控疫的不二之法，作為專業人士可以表達不同意見，但以似是而非、誇大失實的言論誤導市民，給防疫添煩添亂，則未免有違專業操守道德。

令人欣慰的是，尊重科學、對市民有愛心、負責任的醫護始終是大多數。有超過6000名醫護人員主動參與協助，為市民提供專業的檢測服務；政府顧問專家、港大醫學院院長梁卓偉及中大醫學院呼吸系統科講座教授許樹昌，既參與檢測採樣，更互相採樣檢測。這些防疫專家、醫護人員以實際行動證明檢測簡單可靠，讓廣大市民認識檢測的必要性，更放心積極參與檢測。到筆者執筆時，已有逾70萬市民登記參與檢測；計劃開展第二日，有82個檢測中心預約額滿，已有10多萬市民完成採樣。事實亦說明，市民的眼睛是雪亮的，檢測利人利己，市民不信謠言，願意參與檢測，為防疫作出力所能及的貢獻。

當然，本港疫情未完全受控，仍需要更多市民參與檢測。梁卓偉指出，現時

新型冠狀病毒即時繁殖率已跌至 0.5 以下，即一個確診者傳染少於 0.5 人，形容「疫情已到受控階段」，而按八達通出行數據，潛在病毒即時繁殖率超過 1。梁卓偉解釋，當社區有足夠病毒量可有即時爆發，故防疫仍有隱憂，檢測可助社區找出隱形病人。許樹昌則一再強調，全民檢測越多人參加越好。既然檢測採樣過程方便快捷，有關檢測的謠言謊言全部子虛烏有，檢測免費而優質，參與檢測是對自己和家人、對香港負責，市民應踴躍支持，未登記的應抓住機遇盡快登記。

重啟經濟民生擺脫困局

開展普及社區檢測不僅是為了有效控疫，更是本港重啟經濟民生、擺脫困局的重要一環。受疫情影響，本港經濟深度衰退，失業率高企，政府庫房承受巨大壓力，疫情的危機一日不解除，困擾本港經濟民生的難題只會越來越大，市民受苦受累越來越重。內地和澳門已經把疫情穩定下來，經濟、社會活動逐步恢復正常，就連疫情最先爆發的武漢，也擺脫疫情、重現活力，中國是全世界在疫情中恢復最快、經濟重回增長的國家。

在世界其他國家和地區疫情反覆的情況下，本港作為以服務業、外向型為主的經濟體，更要做好普及社區檢測，與內地、澳門防疫同步，盡快實現三地的正常往來，為本港的旅遊、零售業帶來客源，刺激本港消費市場，推動經濟增長，增加就業職位。2003 年沙士疫後本港經濟迅速復甦，就是靠內地遊客的消費帶動。現在本港要走出經濟低谷、減輕市民生計生活的痛苦，更要積極落實普及社區檢測，把疫情控制住，為振興經濟、改善民生創造必要條件。

2020-09-07 香港文匯報 AA03 人民政協建言獻策

市民踴躍接種疫苗
疫情受控百業方興

　　全國人大常委會通過完善香港選舉制度決定，筆者認為這就像給香港打了兩針疫苗，第一針是給香港經濟固本，第二針是給香港特區政府一個有效發揮的空間，可以讓政府管治團隊在更長遠的政策範疇內，改善民生和發展經濟，鞏固香港在國際金融市場的地位。

　　在新冠肺炎疫情之下，香港不少行業例如飲食、美容及家庭娛樂等行業，生意一直面臨經營壓力。有見及此，香港要盡快擺脫疫情，才能繼續穩步發展，開創新局。接種新冠疫苗是抗疫良方和擺脫疫情的唯一出路，筆者呼籲市民護己護人，積極接種疫苗。只有疫情受控，經濟才能恢復生機，市民生活才能盡快恢復正常，才能令香港百業復業。

　　目前疫情雖然緩和，但絕不能鬆懈，復活節假期過後更要提高警覺。在筆者看來，如果說使用「安心出行」應用程式、員工定期檢測等措施是「治標」，那麼接種疫苗就是「治本」；目前全球多個國家正在積極部署通用「疫苗護照」系統，這可以反映接種疫苗是走出疫情、恢復正常活動的最有效方法。建議特區政府就已接種疫苗的人士提供「疫苗護照」，讓進出本地特定場所的人士便利出行，以加快市民樂意接種疫苗的誘因。事實上，香港的個人「疫苗證書」也已經存在，既有紙張版，也有電子版，可作以後出行或豁免檢疫證明。

　　疫苗接種是抗疫策略的重中之重，近日多個外國政府都表示會為已接種疫苗的國民提供「疫苗護照」，隨着新冠疫苗接種計劃的開展，疫情的威脅應可逐步減退，有助紓緩勞工市場的壓力，相信隨着內地、香港全民接種疫苗的推進及疫情緩解，人流、物流將隨之順暢，內地及香港會迎來經貿、教育、物流等領域的全面合作。

　　近年來，有反中亂港者利用選舉制度漏洞進入香港管治架構，嚴重干擾特區

政府施政，阻擾經濟發展和民生改善。香港國安法是香港由亂到治的重大轉折，再次昭示了一個深刻道理，那就是要確保「一國兩制」實踐行穩致遠，必須始終堅持「愛國者治港」。

筆者認為，任何政治制度的最終目標是促進良好管治、振興經濟、改善民生、香港特區的選舉制度有必要根據實際情況優化，與時俱進，體現「愛國者治港」精神。所以，建立一套符合「一國兩制」制度體系的特區選舉制度，符合香港實際情況，符合香港整體利益和長遠利益，因此中央完善選舉制度，由具備前瞻跨界和協同作戰能力的「愛港者」治理香港，可促使香港經濟長期穩定發展，促進多元化，讓香港再度吸引本地、外地投資，鞏固其國際金融中心地位的基石。各界必須攜手同心，全面準確落實「一國兩制」，解決經濟民生等深層次問題，融入國家發展大局，保持香港長治久安，讓「東方之珠」煥發新生。

目前，新一套更進步、更有代表性、更符合香港實際情況的選舉制度的誕生，讓香港的政治體制踏上康莊大道。可以預見，在中央政府的全力支持下，在香港國安法和新選舉制度的雙重護航之下，香港政治穩定和政權安全的隱患和風險將徹底消除，多年來深陷政治爭拗和對立對抗中的香港各界，一定能快速彌合社會裂痕，齊心協力重新出發，讓香港商界和廣大市民抓住國家「十四五」高質量發展的黃金機遇，積極融入國家發展大局，積極參與粵港澳大灣區的建設，乘勢而上，讓經濟發展穩步上揚。

2021-04-08 香港文匯報 AA03 人民政協建言獻策

融入國家把握機遇
積極接種疫苗再出發

「香港再出發大聯盟」成立一周年，日前舉行融入國家發展大局發布會。中央果斷落實香港國安法，主導完善香港選舉制度，為香港撥亂反正、重回法治穩定的正軌；同時，中央不遺餘力支持香港抗疫，保障港人健康安全、避免香港經濟社會遭受不可承受的打擊。香港與國家是命運共同體，融入國家發展大局是香港發展的大勢所趨、機遇所在，香港一方面要進一步看清大勢，積極謀劃與內地互利共贏發展，做好兩地人心融合的工作；另一方面要鼓勵市民盡快接種疫苗，珍惜重視接種的機會，實現與內地同步防疫，以利香港早日恢復與內地通關，把握粵港澳大灣區、「十四五」規劃的機遇，在貢獻國家的過程中也成就香港自己。

經歷黑暴、疫情的雙重衝擊，本港法治管治、經濟就業都受到嚴重打擊，社會各界、廣大市民對此憂心忡忡。值得慶幸的是，香港有強大祖國做後盾，每當香港遭逢危難的時候，中央就會發揮定海神針的作用，為香港力挽狂瀾、讓香港轉危為安。中央出台實施香港國安法、在國家層面完善香港選舉制度，行使法律上、制度上不可挑戰的憲制權力，令香港迅速止暴制亂、恢復法治穩定，香港迎來由亂到治的局面；香港疫情告急，市民健康安全面臨威脅，中央果斷施以援手，協助香港提升檢測能力、援建檢疫設施和抗疫醫院、為香港提供疫苗，鍾南山等內地專家多次向香港提供寶貴的防疫建議，這些措施都大大紓緩香港抗疫的壓力，保障了港人健康安全，保持了人心穩定。

中央真心挺港撥亂反正

事實再次證明，只有國家才是真心實意愛護、支持香港，為香港利益着想，香港也只有切實維護國家安全、真正落實「愛國者治港」，與國家並肩前行，「一國兩制」才能行穩致遠，經濟民生、防疫抗疫才能進展順利。這一點，經過修例

風波、疫情的考驗和洗禮，香港社會各界、大多數市民看得越來越清楚，社會各界齊心協力、凝聚共識、共謀對策，任何困難都可克服，更證明堅持愛國愛港、拒絕政爭、聚焦發展，才是香港唯一的正確出路。

今年是國家「十四五」的開局之年，內地大灣區各城市正在如火如荼落實有關規劃，與內地尤其是大灣區攜手發展，是香港再出發的重要方向。未來一年，再出發大聯盟將重點做好五項工作，包括宣傳「一國兩制」，舉辦「堅持『一國兩制』香港再出發」系列論壇；推動香港加快融入國家發展大局，實施「出發大灣區」計劃；支持開展青年教育工作；積極講好香港故事；加強大聯盟自身建設，適時啟動共同發起人增補程序，再吸納一批有代表性的人士加入大聯盟。相信透過這一系列工作，持續吸引市民的關注，加快香港融入國家發展的步伐，繼續為香港繁榮穩定、國家昌盛富強貢獻力量。

要加快與大灣區合作、融入國家發展大局，擺在面前的現實問題，就是香港要更有效控制疫情，與內地防疫的情況對接，恢復與內地、與大灣區的正常通關。特首林鄭月娥昨日回應有關本港與內地通關的問題時也指出，通關的條件不外乎實現「清零」和接種疫苗。

為己為人積極接種疫苗

在疫情反覆、變種病毒頻生的威脅下，接種疫苗是防疫的根本手段，但全球疫苗分配不均，包括歐美在內，世界各國各地民眾爭搶接種。香港在國家支持下，有穩定的疫苗供應，市民可以免費接種，這是令不少其他國家和地區居民羨慕不已的優越待遇。接種疫苗不僅保護自己，對於香港控疫、重振經濟、融入國家發展大局都有重大意義，是港人義不容辭的社會責任，市民應該相信科學，為己為人積極接種疫苗。

2021-05-26 香港文匯報 A12 文匯論壇

公德心應是接種疫苗的「誘因」

2022 年初，與九龍社團聯會同仁向黃大仙鳳禮苑居民派發中央援港防疫物資。

　　香港自 2 月底開展新冠疫苗接種計劃以來，截至上月底，累計接種逾 240 萬劑，接種率僅有兩成多，遠未達到群體免疫的水準。近日有地產商宣布捐出一套價值逾千萬元的住宅給接種疫苗的市民抽獎，一時間疫苗預約爆滿。特區政府亦發起「全城起動快接種疫苗運動」，提供更多「誘因」鼓勵市民接種。

　　相比不少國家和地區正面臨疫苗短缺的困擾，香港是幸運的，特區政府採購的疫苗足夠全港市民所需。但在疫苗非常充裕的情況下，為何香港接種率如此之低？有調查顯示，政治對立情緒在「疫苗打不動」問題上展露無遺，一些人鼓吹不配合政府防疫政策、不接種疫苗就是「攬炒」。還有一個非常突出的原因，就

是港人對疫苗安全存在普遍擔憂，質疑疫苗保護力不足。

勿受傳媒渲染炒作影響

如果有人因為對政府不滿就堅決不接種疫苗，那是拿自己的性命作賭注，不僅是反政府，而且還反智。相信這樣的人畢竟是少數，而大部分人不接種疫苗的原因是擔心疫苗不安全。之所以造成這種印象，媒體對離世市民生前曾接種的事件渲染炒作是重要原因之一。人們看新聞更喜歡關注相對負面的內容，這是一種普遍心理。假設有 10 萬人接種疫苗，其中有一人接種後死亡，大家只會關注那死掉的一個人。再看離世的那個人，已經 70 多歲高齡，本身就是長期病患，接種疫苗跟其死亡沒有任何關係。但媒體報道時只會說有人「離世前幾天接種過疫苗」，讀者自然聯想二者有因果關係。這是大錯特錯，假如我們說有人「離世前幾天吃過飯」，難道吃飯是造成他離世的原因嗎？

疫苗顧問專家委員會成員曾浩輝日前指出，到目前為止，香港所有死亡案例都被判定與接種疫苗無直接關係。至於疫苗的保護力問題，雖然現在所有疫苗的保護效果都不能達到百分百，但也能有效降低感染風險，而且接種疫苗的最大意義在於可以減少重症和死亡，通過大規模人群接種，可在人群中建立起免疫屏障，阻斷病毒傳播。

香港自去年 2 月「封關」至今，與內地及海外人員往來大受影響，訪港旅遊業陷於停滯，零售、餐飲、運輸等百業蕭條，失業率居高不下，市民搵食艱難。香港是一個高度開放的外向型經濟體，與內地和海外正常通關對經濟恢復發展的重要性不言而喻。而要實現正常通關，本地確診個案基本「清零」和市民廣泛接種疫苗是必要條件。雖然目前香港本地確診病例大致「清零」，但一些國家和地區疫情仍然嚴峻，變種病毒肆虐，香港外防輸入的壓力依然很大，本地也不排除還有隱形患者，稍有鬆懈，疫情隨時可能反彈。因此，特區政府當務之急，就是要盡快提升本地疫苗接種率至免疫屏障水準。

須盡快築起免疫屏障

　　如何讓更多市民自願接種疫苗？物質獎勵不失為一個「誘因」。接種疫苗還可以抽獎贏房子，何樂而不為？所以效果立竿見影。從本質上說，追逐利益是人的本性。但是單純的利己主義者，卻是極不明智的。以接種疫苗為例，不少人認為疫苗有副作用，我不能打；香港已經安全了，沒必要打；或者其他人打了，我就可以不打。無論是抱有僥倖心理或是「搭便車」心態，都是只從個人利益出發、缺乏公德心的表現，到頭來是害人害己。

　　政府和商界推出各種疫苗獎賞是好事，與此同時，要加大對疫苗的科普力度，令市民充分認識到接種疫苗的好處，認識到接種疫苗建立免疫屏障對整個社會安全和發展的重要性。接種疫苗應當成為一種公民責任，是公德心的體現。它既是為了自身健康安全，也是為了他人和社會安全。如果我們不想疫下生活一直持續下去，想要恢復社會正常運作，想要脫下口罩自由呼吸，想要去世界各地觀光旅行，接種疫苗就是必不可少的條件。這才是接種疫苗的最大「誘因」。

　　防疫經不起等待，接種疫苗就趁現在。為己為人為香港，大家趕快去接種疫苗。

2021-06-02 大公報 A14 慧言真語

廣州加油　抗疫必勝

連日來，廣州疫情牽動着人們的心。作為國家的「南大門」，這座常住人口超過 1800 萬的國際大都市，正在爭分奪秒與病毒賽跑，嚴防疫情外流，守護國家安全。

為什麼變種病毒株 B.1.617.2（Delta）會在廣東出現社區傳播？這幾天，大家都了解到一個信息，那就是「廣東為國擋病毒」，而廣東的重任又主要落在廣州身上。目前每天全國入境人員 90% 在廣東，全省有 300 多個集中隔離點，每天被隔離人員有近 3 萬人，為此服務的工作人員有近 2 萬人。可以說，他們每天都在與病毒交鋒。在國家抗疫成功的背後，廣東作出了特殊貢獻。

展現出英雄城市的品格

木棉花是「花城」廣州的市花，又名英雄花，一如這座英雄城市的品格。去年新冠肺炎疫情在武漢爆發後，廣州醫護工作者聞令而動，逆向前行，馳援湖北。84 歲的鍾南山院士以其戰士的勇敢無畏、學者的錚錚風骨和懸壺濟世的仁心仁術，感動無數國人。在最近廣州抗疫過程中，也湧現出不少令人淚目的感人事跡，產生了許多溫暖人心的鮮活圖景。

自 5 月 21 日荔灣區出現本土確診病例以來，廣州迅速行動，多個區域陸續展開大規模核酸檢測。醫護工作者頂着酷暑和暴雨，穿着悶熱的防護服，戴着起霧的護目鏡，夜以繼日地工作，衣服被汗水浸透，讓人心疼。一張醫務人員冒雨為市民採樣、頭頂着紅色塑膠橙「擋雨」的照片登上了熱搜。「我報名，通宵也可以！」廣州志願者群的聊天紀錄刷屏網絡。13 萬名志願者奮戰在抗疫一線，哪裏有需要，哪裏就有他們的身影。部分社區實施封閉管理後，居民積極回應政府號召，嚴格居家隔離，足不出戶，社區工作人員協助做好物資保障。烈日炙烤下，

市民自覺排隊，沒有怨言。

前幾天看到這樣一則新聞，道路兩旁分別排着兩條隊伍，仔細一看，這邊隊伍正排隊做核酸檢測，對面那條則是排隊買燒臘。這就是熱愛生活、樂觀豁達的廣州人！他們說：「淡淡定，有錢剩。」疫情很快就過去了！政府的決心、醫護的專業、人民的達觀，共同構成了疫情下廣州依然井然有序的積極畫風。

重建香港包容仁愛精神

廣州抗疫的場景不禁讓我聯想到香港。過往大家十分珍視的「獅子山精神」，就是艱苦奮鬥、努力打拚，就是開拓進取、靈活應變，就是同舟共濟、守望相助。然而，香港近年來受到社會事件影響，社會變得分化對立，家人朋友間的關心變得淡薄，大家似乎正在背離和拋棄傳統的「獅子山精神」。

我們經常聽到有人責怪政府這裏做得不夠、那裏做得不好，處處牢騷抱怨，卻沒有想想自己可以為香港貢獻什麼力量。一個社會的發展，不能單靠政府或某些團體，而是需要政府、民間和工商界齊心協力共同建設。尤其是防疫抗疫這樣事關千家萬戶、每位市民生命安全的大事，更需要人人支持，人人出力。

香港是個移民城市，雖然有原居民，但我們大部分人的父輩、祖輩都是來自廣東、福建、上海等地，因此，香港這個城市是包容的，香港人是有愛心的。然而，在過去幾年的社會事件中，我們看到，一些人排斥新移民、排斥內地人，以往那種包容和仁愛精神消失不見了，實在令人痛心。

疫情仍未結束，我們要在疫情防控新常態下繼續生活。我們為廣州加油，在萬眾齊心抗疫下，相信廣東有能力在最短時間打贏這場疫情防控戰。我們也期待香港重新煥發「獅子山精神」，重新回復成為一個友愛包容、和諧繁榮的共同家園。

2021-06-09 大公報 A12 慧言真語

上下同欲 齊心抗疫 共渡難關

2020 年 6 月 11 日，主持「促消費 撐經濟」行動發布會。

　　本港躲不過第五波疫情入侵，變種病毒 Omicron 極速擴散，全城風聲鶴唳，疫情威脅迫在眉睫，堵塞防疫漏洞刻不容緩，更人人有責，政府和社會各界都不能心存僥倖，不能頭痛醫頭，腳痛醫腳，只有當機立斷採取大規模、更嚴格的防疫措施，包括進行全民強檢，力爭迅速把疫情穩住，才可讓市民過個平安年。

　　本港過往曾經有外地船員及機組人員獲豁免檢測的安排，觸發第三波疫情。對此，本港專家、媒體高度警惕，在第五波疫情爆發前一再呼籲，要檢視、堵塞機組人員豁免檢測安排的漏洞，以免重蹈覆轍，可惜不幸言中。另外，違反限聚令、不掃「安心出行」的人士，對疫情反彈亦負有不可推卸的責任；有部分市民

始終對接種疫苗抱懷疑抵觸心態，置自己於染疫的巨大風險之中，更令本港難以構建防疫屏障。諸多防疫漏洞未能及時彌補，導致新一波疫情再來。香港過去一年的抗疫努力付諸東流，早日恢復與內地正常通關希望落空，代價巨大，教訓深刻。

痛定思痛，亡羊補牢，全社會都要明白，防疫是共同責任，本港控疫失敗，無人能獨善其身，全港各行各業、廣大市民都淪為輸家。有估計指，此次疫情包括飲食業在內各行各業損失高達百億。疫情威脅當前，怨天尤人無補於事，全社會必須摒棄互相抱怨指責，唯有齊心協力、行動一致，才能盡快遏止疫情，這才是最符合全港各界利益的正確態度，才能最有效地保障市民健康安全。

堵塞漏洞　人人有責

目前疫情已在社區擴散，出現多個不明源頭確診個案，防疫人人有責，政府官員、立法會議員、公眾人士更要做好社會示範，汲取教訓，引以為戒，守法依規支持配合政府防疫。政府快狠準收緊社交距離限制，減低疫情擴散的速度，值得支持，但仍需檢視、強化防疫措施，例如落實「安心出行」實名制、增設追蹤功能，在防疫追查溯源上是必不可少的，政府也必須打破所謂擔心洩露私隱的迷思，避免追查病源費時失事；目前病源火頭遍布，單靠對涉事大廈的強檢，效果不理想，亦不足夠，近日內地深圳、天津等大城市也出現零星疫情，立即展開全民檢測，迅速排查、截斷傳播鏈，這是內地行之有效、運作成熟的防疫機制，值得特區政府參考。

採取更多更嚴措施控疫

本港的檢測能力、社區管理、民生物資保障或許還滿足不了全民檢測，但事在人為，辦法總比困難多。本港以往推廣強檢、接種疫苗，也曾遇到不少困難和阻力，但在中央大力支持、特區政府迎難而上、廣大市民配合下，最終也順利落實，幫助香港遏止了多輪疫情。

　　如今中央一如既往支持本港抗疫，只要全港上下同欲，齊心抗疫，採取更嚴謹的措施盡快補缺堵漏，加強追蹤排查，切斷傳播鏈，同時敦促市民積極接種疫苗，尤其是提高長者、青少年的接種率，增強這些人群的免疫力，有助本港構建更嚴密防疫屏障，更好地保障市民健康安全，讓市民平安過年，也為盡早恢復與內地正常通關創造有利條件，讓香港再次安然渡過難關。

2022-01-11 香港文匯報 A10 文匯論壇

香港防疫還有哪裏可完善？

　　自新冠疫情爆發，至今兩年。記得 2020 年初，有朋友出差內地坐高鐵返港，在西九龍高鐵站被工作人員要求檢測體溫。當時內地疫情基本上只在武漢，但香港的反應和應對，可謂及時，體現了未雨綢繆的危機意識，值得稱讚。

　　疫情肆虐全球已足足兩年，多國出現大範圍大規模感染，而香港感染人數累計 13000 多例，死亡 200 多例。死亡率 1.64%，比世界平均新冠死亡率 1.8% 要低，這也算一點小小慶幸。

　　但自新年伊始，違規的國泰機組人員帶來一波全港性感染群組，直至近幾天葵涌社區大規模爆發，僅僅一兩日就發現逾百宗確診病例。香港的第五波疫情真正殺到。全港市民、商舖、學校等，均因此受拖累——禁止夜晚堂食、關閉康樂設施等等臨時措施直到大年初三。昨日再有防疫專家指，年初四後開放無望，並指這一波疫情可能要持續兩三個月。

　　市民欲哭無淚。本來春節是市民走親訪友、歡聚一堂的大好時光，也是許多公司尾禡、年會的時段，況且香港被疫情困住已經兩年，亟需提振市場和市民信心。若無這一波疫情，香港本地經濟的內循環尚可借過年增加一些活力。但看看眼下：

　　向來以不夜城著稱的香港，入夜之後，街頭店舖關門、行人寥寥。平日人群熙攘的銅鑼灣中環，到了夜晚寂靜寥落，商場、店舖大門緊閉，門可羅雀。零星的行人匆匆而過，無心逛街，也無店可逛。

　　疫情帶來的這一幕幕市面冷清寒淡，令人痛心。而因多條傳播鏈源頭不明及防控不力，致疫情多了不少未知數，令人擔心。而要更加有效快速控制疫情，則需要政府和各界的齊心、決心。

　　冷靜檢討香港防控疫情，很多地方或可做得更好。比如，葵涌邨逸葵樓出現

超級傳播，政府最初只要求全幢大樓居民強檢。然而，檢測報告還未出，社區市民已經可以自由活動，於是有人去買菜，有人去上班，甚至有人乘機逃亡。拖了一天，政府才宣布全幢大廈居民禁足五天封閉強檢。這足足延遲的一天，是否有病毒隨外出居民在全港走了一圈？究竟多大一圈？無從追蹤，又成隱患。

再比如，檢測速度問題——被封閉強制檢疫的逸葵樓住戶反映，頭天下午4點做了核酸檢測，直到第二天早晨還未收到報告。後來說可以到社區運動場做檢測。然而有市民一早到樓下檢測，發覺在寒風中，已有不少長者在排隊，卻被告之由於工作人員未到，需要先回家等候。

另外，香港檢測方法是一人一檢。這也大大影響了檢測速度。內地檢測有許多可學習借鑒的經驗，比如二三十甚至五十份樣本混檢，結果如呈陰性則三五十人均OK；如果發現陽性，則再針對這個群組再做檢測。這樣可大大加快檢測速度。所以內地一個千萬人口城市，差不多一周就全部完成檢測。這個混檢辦法，已經證實高效可行。香港為什麼不借鑒呢？

再者，疫情已持續兩年，一些部門似乎仍各自為政，在處理疫情問題仍以不「踩過界」為行動準則，協調性明顯不足。非常時期，亟需成立「防疫抗疫專責小組」，統一指揮、統一部署、統一行動，以發揮群策群力效能，統籌各部門合力抗疫，共克時艱。亡羊補牢，為時未晚。

2022-01-24 大公報 A10 慧言真語

檢測要快　準備要足　接種率要高

正當人們還沉浸在過年的氛圍裏時，香港疫情也來湊熱鬧，昨日本港新增 614 宗確診個案，創下新冠疫情爆發兩年來單日最高紀錄，其中超過 450 宗仍在調查感染源頭。這些源頭未明個案遍布港島、九龍、新界，也就是說已經蔓延到整個香港！另外再有多幢大廈懷疑出現垂直傳播或橫向傳播，當局將進行調查及研究是否需撤離居民。專家指出，現在社區裏有上百條隱形傳播鏈。

不得不說，香港疫情正處於失控邊緣。病毒傳播速度之快超出想像。而特區政府處理疫情的反應速度則快慢不一，甚至有的地方快慢失當。

其一，檢測速度該快不快。現時香港每天的定額檢測量為每日 10 萬次，當局將強化檢測能力並重設火眼實驗室後，每天檢測量可提升至 30 萬次。十萬次，意味着全港 750 萬市民全部檢測需要一個多月；即使日均 30 萬次，全民檢測也需二十多天。

前幾天一位香港朋友出現感冒症狀，為穩妥起見，自己跑去檢測中心做檢測，足足等了 23 小時才出結果。而北京的朋友告訴我：豐台區出現病例後，進行全區全民檢測，上午 11 點到接受檢測，下午不到 5 點就出來結果了。香港的 23 小時與北京的 6 小時，檢測速度相差近乎四倍。香港檢測速度緩慢的原因是什麼？問題在哪裏？誰能解釋？

其二，應急指揮機制該快不快。一位朋友因與其一起吃飯的同事確診，被列為密切接觸者。他主動去檢測。但在四次檢測過程中，沒有任何部門任何人盯住他，他可以隨意外出到任何地方。完全靠自覺留在家中自我隔離。從這一個例子，可說明為什麼有如此多隱形傳播鏈了。

日前，特首稱特區政府由只有啟德一個個案追蹤辦公室（追蹤辦），已增加至旺角亦設有追蹤辦，現正籌備第三個追蹤辦。疫情爆發整整兩年了，為什麼配

套機制和設施建設速度如此慢？疫情帶來的非常情勢，為什麼不採取非常之舉來處置？社會上很多有識之士一直呼籲成立應急指揮中心，統籌整合現有資源，構建回應體系和工作機制，但遲遲不見政府有所動作。難道整合現有體系，比增加機構、增加人手還要難嗎？

其三，疫苗接種效率該快不快。朋友想打第三針，1 月中旬上網預約，距離最近的西灣河社區疫苗接種中心，最快要半月之後才有名額。特區政府一直不斷呼籲市民踴躍接種疫苗，而春節假期正是接種疫苗好時機。令人不解的是：年廿九（1 月 31 日）至大年初二（2 月 2 日），全港 14 間社區疫苗接種中心休息。政府官網稱「除了兩間設於私家醫院的接種中心將於農曆年初四（2 月 4 日）恢復接種服務外，其餘 12 間接種中心將提前於農曆年初三（2 月 3 日）起提供服務，讓更多市民盡早接種新冠疫苗。」疫情如此嚴峻，接種疫苗需求如此強烈，而接種中心還要休息 3 天？還聲稱「盡早」？疫情之下，生命健康與休假，哪個要緊？

其四，出台公務員「居家辦公」舉措該慢不慢。年初第五波疫情剛開始，政府迅速宣布，政策局和部門由 1 月 25 日起推行特別上班新安排。2 月 4 日再次擴大特別上班安排，「除了提供緊急和必須公共服務和參與防疫抗疫有關的人員外，其他政府僱員盡量留在家中工作，有關安排暫定實行至 2 月 11 日」。

人們記得，2020 年疫情爆發第一年，特區政府就安排了四度特別上班安排。全年下來，公務員在家上班約 124 日。以 5 天工作周並扣除假期計算，在家工作的日子達 85 天，足足 4 個月。

疫情之下，作為公僕的公務員理應與民同甘共苦，共克時艱。在抗疫人手緊張的情況下，公務員更應衝在一線，「同心抗疫」，管治團隊當為表率。比如，政府至今動員了數以千計的義工，幫助包裝和派發約 60 萬個快速檢測包。這項工作，義工能做，公務員不能幫手做嗎？

而公務員「居家辦公」效率又如何？去年媒體早有報道——申請綜援的基層市民等候 4 個月未有回音，山窮水盡，靠志願組織援助度日；申請駕駛考試的市民，被拖了 7 個月仍未完成考試，車行生意受到影響；賓館轉牌申請、小型工程審批

等等，亦因公務員「居家辦公」而拖慢。快與慢，不僅反映了管治團隊的治理能力、治理水準，更反映了為民擔當、與民同行的責任心、同理心。既為公僕，就應該擔得起市民的這份信任與託付。

2022-02-08 大公報 A12 慧言真語

祖國給力，香港自己也要爭氣！

2020 年 2 月 11 日，與港區婦女代表聯誼會同仁向中聯辦捐款 300 萬元，支援內地防疫抗疫工作。

　　日前，習近平總書記就支援香港抗擊第五波新冠肺炎疫情工作作出重要指示，強調香港特區政府要切實負起主體責任，把盡快穩控疫情作為當前壓倒一切的任務，動員一切可以動員的力量和資源，採取一切必要的措施，確保香港市民的生命安全和身體健康，確保香港社會大局穩定。全港上下奔相走告，市民紛紛在網上留言：「感謝中央！感謝祖國！香港有救了！」有微信公眾號寫「看到這則新聞，我內心頓時泛起波瀾。說實話，沒見過哪個城市有疫情，總書記是這樣說的！」

　　多年來，習近平總書記一向和香港人民心連心，特別關注香港的發展和民生問題。今次疫情事關七百多萬港人的生命安危，習近平總書記強調「三個一切」、

「兩個確保」，強調香港特區政府要切實負起主體責任，指示明確，語重心長，港人深刻感受到了習近平總書記對香港民眾的關愛和深厚的人民情懷。

正如網友所說「祖國給力，香港自己也要爭氣才是！」眼下，香港抗疫工作依然存在一些實際難題，比如如何提升大規模檢測能力以盡快摸清傳播鏈、找出全部潛在病例；如何讓所有輕重症患者，都得到科學分類和及時有效的隔離治療；如何統籌醫療資源與社區支持資源，有效動員香港社會各方面力量參與抗疫，解決核酸檢測資源投放不足、疫苗施打人手不夠、圍封點民生保障不力的難題，等等。

解決這些問題，光靠中央和內地支持是不夠的，關鍵是「香港特區政府要切實負起主體責任」，動員一切可以動員的力量和資源，包括龐大公務員隊伍、衛生界、教育界、工商界、基層社團等各行各業人士，眾志成城、共克時艱。

香港雖然沒有內地的社區網格化治理體系，但有其獨特的優勢，可以轉化為抗疫的強大資源和動力。比如香港有大量社會團體、私立醫院等民間力量，他們有參與抗疫的積極性，但缺乏統一安排，大量民間資源難以得到最佳配置。特區政府手裏有最大的統籌力量，在團結社會各界方面應做出更多安排，讓民間力量深入香港社區的每個角落，形成系統化，支持抗疫。目前，香港還沒有一個專門應對疫情的聯合指揮中心，這也在一定程度上影響了抗疫的效率。

再者，香港有約 17 萬公務員，他們作為特區的管治團隊成員，亦應「全體總動員」，主動承擔抗疫主體責任。

只有特區政府團隊統一思想，各個層級都切實負起責任來，盡可能地團結香港各界、各政治及社會團體，超越政治觀點的分歧，全力投入到戰疫當中來，特區政府才算真正負起了主體責任，香港抗疫才有可能在速度上跑贏新冠病毒。

我們高興地看到，目前香港特區政府和各方面正開始積極有效行動，落實習近平總書記和中央的指示精神。香港抗疫，最寶貴的是信心，最重要的是團結，最急迫的是行動。

2022-02-19 大公報 A12 慧言真語

速度效率與責任擔當

中央全力支持香港抗疫。習近平主席第一時間做出指示，全國政協副主席夏寶龍坐鎮深圳協調指揮，短短數日，已有三批近兩千人的內地專家和醫護人員來港支援檢測並指導抗疫工作，各類抗疫物資迅速集結運抵香港。3 月 2 日內地援港物資鐵路貨運首班列車開通，有 9 個貨卡承載着約 5 噸中央援港抗疫物資，包括 40 萬盒中成藥「連花清瘟膠囊」、2 萬件保護衣及 110 萬份快速檢測套裝，45 分鐘即到達港鐵羅湖編組站。

而在 3 月 1 日，由中央援建的首個社區隔離設施青衣「方艙醫院」，也正式交付特區政府管理營運，可容納約 3,900 個隔離床位，當天下午即接收首批無病徵或輕症新冠病毒患者。其餘 7 間內地援建的「方艙醫院」也正在密鑼緊鼓建設。

至今，內地支援的各種醫療物資總計有快速抗原測試包 1800 多萬個、夾指式脈搏血氧儀約 32 萬部、超過 3180 萬個 N95 和 KN95 口罩、約 35 萬盒抗疫中成藥等等。

香港之所需，立刻成為國家之所急！香港市民親眼見證並切身體會到了什麼叫「中國速度」「中國效率」。青衣「方艙醫院」從動工到使用，只用了短短 7 天！這背後，是中央的有力指揮，是國家有關方面的統籌協調，是國企 2000 名工友日以繼夜的辛勞。而大量供港物資調配過境運輸，也是極其高速高效。

據悉，在中央統一指揮下，內地支援香港抗疫專班共涉及國家衛健委、工信部、香港中聯辦、廣東省等 10 個部門，設立多個工作組。專班自成立以來，已緊急召開多次調度會。

反思香港，不得不說，疫情肆虐已經整整兩年，第五波疫情也已爆發整整兩個月，如果特區政府早點謀劃快速行動，把抗疫當做非常時期的非常之事，謀劃非常之策，施行非常之舉，協調各方做到謀劃時統攬大局、操作中細緻精當，切

實高效地把工作做到位，恐怕也不至於此。

　　香港近些年的情勢深刻表明，管好香港絕非易事，管治者不僅要愛國愛港，還要有管治才幹，有敢於擔當的責任心使命感。既然身為公僕，遇事就要挺身而出，勇作善為。不能避事推諉，更不能事不關己，躲進小樓自成一統。

　　嚴峻的疫情告訴我們，香港在進入良政善治新時代的進程中，仍面臨許多問題和挑戰。妥善應對各種考驗，不斷提升管治能力和水準，這是擺在特區管治者面前的必答題。

　　疫情給香港上了一課。

2022-03-04 大公報 A12 慧言真語

第五章

政協提案摘錄

關於讓孩子健康成長、愉快學習的建議

提案人：全國政協提案委員會副主任 王惠貞

在現有的教育體制下，教育與學習的理念、模式都只側重於考試成績上。學校、老師、社會、學生、家長把一切資源、時間、精力放在如何能考上一所好大學，踏出人生成功的一大步，如此，學習變得十分枯燥乏味，學生變成了考試機器，往往除了考試所需要的學科知識以外，其他知識就非常匱乏。資料顯示，過去我們國家在奧林匹克數學比賽中都是遙遙領先，但近年來已經被歐美國家追上，已經排位在 50 名以外，這顯示我國孩子的思維發展、視野拓展方面顯得相對落後。

幾點建議：

1. 改革現有高考模式，將學生在學校內的成績也作為計算高考分數的一部分。

高考可以說是整個教育體系的指揮棒，按照現有的高考制度，學生只會將所有精力、時間放在考試上，無法培養全材。建議改變現有高考的計分方式，如將學生平日在學校的表現和成績作為評分標準的一部分，這樣可以減少學生的壓力，釋放時間去發展其他。近年美國有很多大學已經不再以 (SAT) 作為收錄學生的必須指標，各大院校更重視學生在校內各方面的持續表現，這可以更全面對學生作出評估。

2. 學習模式要着重思維培訓和應用。

在傳統的教育模式下，教育的目標往往是讓學生掌握應試的知識，而忽略了對學生思維創新和個性發展的培養。

　　隨着智慧科技的飛躍發展，大大改變人類的生活模式和商業模式，現在大量的知識和資訊圍繞着我們，誰能夠合適應用這些資訊就能把握先機。所以學習模式也應隨着改革。過去死讀書就能考取好成績的學習方法已過時。建議學校和老師需要培養學生懂得理解和運用。學校在設計課程時應該以提升學生的創新能力和主動學習能力，拓展思維空間和創新精神為主導，讓學生徹底跳出僵硬固化的學習模式，以更快樂和享受的感覺投入學習中。

3. 推動學生走出校園，增加國際視野。

　　堅持對外開放是基本國策，在教育方面，也要與國際接軌。鼓勵學校開展對外交流的合作項目，促進學校與國內、國外教育強校合作，積極參與國際教育項目。

　　鼓勵學生利用暑假到國內和國外作交流實習，做到每個學生在中學畢業前都曾在國內其他省市和國外交流；在大學期間最少各有一次在國內和國外實習經驗，以增進學生的視野和溝通能力。

4. 引導家長、學校注重提高學生身心素質。

　　在目前的應試教育體制下，特別是面對高考的壓力，在作業和補習班的擠壓下，學生連喘息的時間也沒有，遑論關注自身的身心發展，繼而造成了中小學生不善於待人接物之道，情緒智商 (EQ) 及逆境商數 (AQ) 均偏低，身體素質亦普遍下降。因此，建議對於小學生，應加強指引學校盡量安排大部分紙筆功課學生都能在學校完成，使學生課後能善用時間完成閱讀、自學，並且做適量的運動及遊戲。適量運動能促進身體的生長，並且舒展身心、消除精神壓力，鍛煉意志力及專注力，有助孩子健康成長；而遊戲時間則能有系統地刺激孩子的大腦運動，促使智力的迅速發育。學校於編制課程時，可在正規課程以外進行富彈性的專項訓練。

5、家校衷誠協作，為孩子創造愉快學習環境。

　　想想教育的真正核心價值，是要讓孩子領略愉快學習的真諦，讓他們健康地成長；而學與教的重點應該是引導孩子掌握學習的方法，培養孩子學習、探究的興趣，而非側重成績和結果。故此，學校應該提供多元、優質而又開放的學習環境，全面且均衡地創新課程；家長則應從多方面了解孩子，以提升及改善親子關係及加強家校協作，為孩子創設優質的、愉快的學習環境，以培養出自信、自律、自主，且能正向思考、不怕挑戰的未來精英。

2019 年 3 月 1 日

關於扶助企業
應對新冠肺炎疫情影響的提案

提案人：全國政協提案委員會副主任　王惠貞

　　新型冠狀肺炎疫情肆虐，影響面廣。當前全國上下齊心堅決打贏這場疫情防控戰。

　　由於本次病毒的傳染性極高，為了盡快控阻疫情擴散，中央採取了一系列有效措施，但很多經濟活動暫停，工廠復工亦推遲，經濟受到嚴峻考驗，其中以零售、餐飲、物流及娛樂服務行業的中小企業更是首當其衝。為此，有下列建議：

1. 盡快恢復企業生產，回復正常。

　　疫情爆發初段為了控制感染，各省市企業都紛紛推遲復工日期，嚴重影響了企業原有的生產計劃，亦影響了市場供應量，尤其是一些對民生生活必需品的供應。建議採取有效措施，幫助有關企業盡快恢復生產，以免造成物資短缺，引起市民恐慌。

2. 為防疫物資的生產線提供優先保障。

　　由於疫情爆發，市場上口罩及消毒產品非常短缺，市民對此類物資的需求以百倍增加。雖然有些企業已將其工廠臨時改為生產口罩，但由於原材料短缺，無法進口，企業亦無計可施。建議凡屬生產抗疫產品的原材料，提供綠色運輸快捷通道。

3. 爲小微企業設抗疫專項貸款，紓解流動資金。

目前很多企業，特別是小微企業，在沒有生產或營業收入的情況下，仍要如期支付工資、租金、日常營運開支和稅款等等，企業的流動資金嚴重缺乏，如果未能及時解決流動資金問題，相信短期內將會出現大規模企業倒閉，造成社會和金融動盪，後果非常嚴重。建議爲小微企業提供免審查的抗疫貸款，審批時間及程序必須簡單、快捷，最高貸款額設爲 100 萬人民幣，貸款期爲 2 年，只要企業能提供商業登記證、主要負責人身份證明文件、地址證明及主要營運賬戶最近 3 個月的往來紀錄，即符合申請資格。

4. 爲中小企業提供融資貸款擔保。

建議金融機構、銀行，爲中小企業提供一次性低息貸款，最高貸款金額爲人民幣 500 萬，貸款年期爲 3 年，由政府提供貸款額最高七成的擔保，相信這種政府有限度擔保計劃，可以縮短審批時間，爲中小企業在最短時間內獲得流動資金應急。

5. 物業按揭貸款延期還本。

建議金融機構提供物業按揭貸款延期還本安排，讓受疫情影響的個人或企業可以向銀行申請「只還利息，暫不還本金」，爲期 12 個月，以紓緩每月供款的壓力。

6. 保險公司提供延長保費到期寬限期及提供額外保障。

個人或企業可以向保險公司申請延期繳交保費，建議寬限期至 6 個月。

7. 增值稅及企業所得稅延遲繳交。

建議受疫情影響的企業可以向稅務局申請延遲繳交所得稅和增值稅，最長期限爲 6 個月。同時，考慮 2020 年第一季度的增值稅率調低 2%。

8. 發展新的營運模式。

　　近年，A2A 的個人電子商務平台已經發展得非常成熟，如天貓，很多個人採購都是在網上平台進行的。但企業的批量採購卻仍然集中在實體店和大型交易會，如廣交會、上海進博會等等。由於疫情的發生，很多交易會已經取消或延期，如春交會已經延期，生產商沒法得到訂單，而境外的採購商亦非常缺貨。記得 2003年「沙士」疫情促進了個人電子商務的發展，如阿里巴巴；企業亦應因今次新冠肺炎疫情的影響，積極發展新的營運模式，如 B2B 電子商務平台，建議政府可以提供誘因和政策以促進企業發展。

2020 年 2 月 17 日

關於講好中國抗疫故事
彰顯大國擔當的建議

提案人：全國政協提案委員會副主任　王惠貞

今年新冠肺炎疫情席捲全球，嚴重威脅人類生命安全，中國在積極做好自身防疫抗疫的同時，積極幫助其他國家。中國已經對近百個國家提供口罩、防護服、醫用手套、檢測試劑醫療物資援助，並向 19 個國家派遣了醫療隊，攜帶檢測和防疫防控裝備以及藥品等對當地展開援助，還以視頻連線的方式向 200 多個國家和地區介紹診療經驗。中國用真誠有力的行動為佑護世界人民生命安全作出巨大貢獻，獲得世界各國和人民的高度評價和感謝。

但受全球疫情蔓延影響，一些西方政客為推卸自身防疫不力的責任，利用媒體醜化中國，並藉此遏止打壓中國。講好中國防疫故事，反擊國際上不懷好意的抹黑，具有迫切性和必要性。

建議國家應推動官方和民間共同努力，形成全社會、寬領域、多角度的完整敘事方式，全面深入講述中國舉國上下齊心協力抗擊疫情、搶救生命的動人故事，體現中國在國際抗疫合作的重要作用，充分彰顯中國的大國形象。

具體建議：

1. 中央牽頭推動，形成傳播合力。

由中央統籌構建大外宣格局，充分發揮不同主體的作用，形成由新華社、人民日報、中央電視台等官方媒體和民間相結合、中央和地方相結合、外宣部門和實際工作部門相結合、機構和個人相結合的全方位、多元化、立體式對外傳播體系，用國外民眾聽得到、聽得懂、聽得進的途徑和方式，多元化、多角度講好中

國醫護人員無私奉獻、堅守在抗疫前線的故事，例如鍾南山為全球各國提供防疫智慧、防疫經驗的故事，拍成具吸引力的視頻故事，透過網絡媒體廣泛傳播。

2. 運用好新媒體，講好中國抗疫故事。

積極運用臉書、推特、YouTube、抖音等新媒體，通過圖片、視訊、動漫等方式，用更加人性化和親切的形式傳播中國抗疫的故事，藉助新媒體傳播優勢，樹立和弘揚中國推動國際合作抗疫的良好形象。

3. 借國際主流媒體，講好中國抗疫故事。

要善於與國際主流媒體、知名智庫學者、國際公關公司建立友好聯絡，與彭博社、路透社、《華爾街日報》、《金融時報》等西方主流媒體建立、保持良好的互動關係，選擇最恰當的時機和角度講好中國故事，借力傳播，發揮更好的傳播效果。

4. 依靠華人華僑、留學生力量，講好中國故事。

講好中國故事，還要善靠廣大華人華僑以及留學生群體力量。他們是外界了解中國的重要視窗，也是向世界講述中國故事的重要力量，應充分發揮這些群體的力量。

5. 利用香港優勢講好中國故事。

香港作為世界人流、物流、服務流、資金流與信息流最為融通的地區之一，具備建立中國故事海外傳播中心的獨特優勢。

其一，用好駐港外媒。有超過 80 家國際傳媒機構在香港設立辦事處，香港擁有 18 個衛星電視廣播機構為亞太地區提供 200 多個電視頻道，香港每年接待外國政要、學術界和智庫等具有影響人士來訪上百次，舉辦或協辦國際會議上千次。可以作為傳播中國故事的平台。

其二，用好香港本地駐外機構。香港的駐外經貿辦事處、華僑資源遍布全球，大量商會、專業團體與公益組織與世界各地保持密切關係。可以作為講好中國故事的「編外」力量。

其三，將央媒素材通過香港包裝，對外傳播。香港有成熟的國際傳媒運營經驗，在價值理念轉譯、故事包裝手法等方面與國際標準高度接軌。建議請央媒提供素材，由香港本地可靠機構（比如團結香港基金、香港再出發大聯盟等）進行國際化、適港化包裝，在香港本地傳播，向世界傳播。

比如，前幾天央視出品的專題片《另一個香港》，講述修例風波的起因及經過。內容非常好，但有一點遺憾：缺少繁體字和英文字幕。

因此，應通過香港這個了解中國的國際窗口，講好中國故事，傳播好中國聲音，向世界展現一個真實、立體、全面的中國，增強國際社會對中國的認識和理解。

2020 年 5 月 21 日

關於促進粵港澳大灣區
建設國際科技創新中心的提案

提案人：全國政協提案委員會副主任 王惠貞

《粵港澳大灣區發展規劃綱要》提出，推進「廣州－深圳－香港－澳門」科技創新走廊建設，在探索有利於人才、資本、信息、技術等創新要素跨境流動和區域融通的政策舉措，共建粵港澳大灣區大資料中心和國際化創新平台，有下列建議：

1. 推動粵港澳大灣區在河套區成立國際認證中心，建議內地有關部門對認證中心批准的產品也認可。

2017 年 1 月簽訂的港深發展河套區備忘錄，共同發展港深創新科技園，現時第一期基礎建設將在今年動工，首幅土地預計 2021 年底交付港深創新及科技園有限公司。需要制定一些政策以吸引國內外頂尖企業、研發機構進駐園區，讓他們享受「港深兩地雙重的優惠，而不是受到兩邊雙重的制約」。例如一些人體生物樣本，正常情況下進出邊境有嚴格管制，如果在河套科技園制定一套處理方案，讓這些樣本可以引入開展科研，相信對科技園建設會有幫助。

此外，建議在園區成立產業認證中心。現時，很多產業審批標準在香港和內地是不一樣的；如果能爭取到凡是在河套科技園認證中心審批通過的產品，同時獲得內地相關機構認可，進而擴展到「一帶一路」沿線國家認可，相信會大大吸引國際高科技企業進駐科技園，有助科技創新中心建設。

《关于促进粤港澳大湾区建设国际科技创新中心的提案》（十三届四次会议第01136号，提案者：王惠贞等109位委员），被评为政协第十三届全国委员会优秀提案。

中国人民政治协商会议
第十三届全国委员会
二〇二二年九月

2. 建議中資國有企業在香港發展高科技產業，作爲長遠戰略部署。

建議中資國有企業發揮優勢，利用河套地區發展高科技產業。要兼顧成本和戰略平衡，增加中資企業在香港布局，擴大本地就業，吸引全球優秀人才，這對於改變香港政治生態，具有長遠的戰略意義。

3. 發揮香港國際金融中心作用，協助科創企業融資發展。

目前我國大部分科創企業仍是中小型規模，需要資金支持發展。在港中資金融企業實力雄厚，擁有引入國際資本、對接內地科創項目的優勢，應大力發展外幣私募股權投資基金和風險投資基金，配合港交所上市平台，構建為科創企業提供融資服務的生態圈。

2021 年 3 月 5 日

關於藉着數字經濟發展
引領大灣區金融發展的建議

提案人：全國政協提案委員會副主任 王惠貞

　　數字經濟是以大資料、智慧演算法、算力平台三大要素為基礎的新興經濟形態。沒有大數據，數字經濟便是無米之炊；沒有智慧算法，數字經濟不能創造價值；沒有選擇平台，數字經濟將不復存在。

　　數字經濟包括數字產業化和產業數字化，傳統產業的數字化升級過程，應用數字技術帶來的生產資料提升和生產效率提升。數字技術形成產業的過程，為數字經濟其他產業提供基礎的技術、產品、服務和解決方案等包括互聯網資料中心、雲計算平台。

　　大數據是數字化時代的新型戰略資源，是驅動創新的重要因素，正在改變人類的生產和生活方式。

　　我國數字經濟發展從「十三五」規劃期間 1 萬億元增長到 39.2 萬億元，佔GDP 比重為 38.6%，每年以雙位數速度增長。

　　大灣區多重政策助力區域金融開放聯通，進一步推進金融開放創新，提升大灣區在國家對外開放中的支持和引領作用。

　　1. 促進跨境貿易和投融資便利化。

　　2. 擴大金融業務對外開放銀行、證券、保險業。

　　3. 促進金融市場和金融基礎設施互聯互通，逐步開放香港人民幣清算行參與內地拆借市場，「債券通」研究擴展到「南向通」，之前符合條件的港澳企業可透過「北向通」投資內地人民幣債券。

　　4. 提升金融服務創新水平，加強科技創新金融服務，大力發展金融科技，建

設區塊鏈貿易融資信息服務平台。

5. 切實防範跨境金融風險，加強粵港澳金融監管合作，建立和完善金融風險預警，防範和化解危機。

　　利用好大灣區試點有條件進一步推動數字人民幣跨境使用。2020 年 10 月 8 日，央行數字人民幣（DC/EP) 以數字人民幣紅包的形式在深圳市羅湖區首次推出使用，個人中籤者可在羅湖區域內已完成數字人民幣系統改造的 3389 家商戶無門檻消費。2021 年 1 月，福田區也試點推出「數字人民幣紅包」。

1. 數字人民幣無需依賴銀行賬戶。中國內地仍有高達 2 億未曾擁有任何銀行賬戶的農村人口也可利用數字人民幣進行小額交易，從而實現普惠金融。

2. DE/EP 具有「可控匿名」特徵，這不單有助央行最終交易並打擊洗黑錢等非法活動，同時政策制定者也能通過這項特性，實施更穩健的貨幣政策以及落實貫徹執行其他法規。

3. 從深圳的試點看，DC/EP 主要定位於小額，零售支付，福田區已有眾多商戶（包括商場超市、生活服務、日用零售、餐飲消費等），已經完成數字人民幣系統改造，說明數字人民幣在深圳已經有了較多的應用場景。

　　建議推動數字人民幣的國際使用：借助廣東省與「一帶一路」沿線國家緊密的經貿聯繫，結合數字人民幣試點，從國際協調、法律法規建設、基礎設施完善等角度，推動「一帶一路」沿線國家的商戶用戶直接借助數字人民幣與境外商戶用戶進行貿易往來。

股權市場融合：圍繞跨境理財通，完善一二級股權市場產品體系。

1. 積極推動私募股權、基金跨境交易便利化。大灣區企業私募股權投資處全國前列，截至 2020 年 8 月，廣東省私募基金管理人數量為 1726 家，管理基金規模 8077 億元，深圳的私募基金管理人數量和管理基金規模分別達到 4492 億元和 19070 億元。可以有序推進合格境外有限合夥人和合格境外投資

　　企業試點，支援內地事務股權投資基金境外投資，提升海外市場開拓的效率。也可考慮加快推動探索創投機構上市。

2. 圍繞股權市場豐富跨境理財通產品。2019 年至 2020 年上半年，珠三角地區共有 57 家企業首次發股募資，總金額超過 550 億元。近 40 家大灣區企業在香港完成 IPO，佔同期上市家數近 18%。隨着股票註冊制的設計深化，可考慮設計更多參與港股新股發行風險較低的「南向通」理財產品，既豐富大灣區居民跨境理財目標，又能有效提升理財產品收益率。

債權市場聯通：強化金融科技應用與監管協調，推動大灣區債權市場融合。

1. 粵港澳大灣區新基建發展亟需資金。「十四五」是大灣區新基建加速投入的階段，5G 建設設備、新能源汽車充電樁、城市規劃建設、數據中心等需要大量資金的支持。

　　除了政府部門外，民營企業也在加碼投入，紛紛在挖掘大灣區新基建市場。

2. 金融科技發展為債券流轉提供重要保障。

3. 人民幣國際化面臨重大機遇，應提升相應資產市場影響力。人民幣國際化的推進，需要多元化的離岸金融服務與離岸金融產品的支持，通過打通境內與境外人民幣資產流通的通道，為離岸人民幣提供收益可觀的人民幣資產，提升人民幣吸引力，如推動債權資產跨境轉讓便利化。

4. 以服務實體經濟為準繩，循序漸進擴大跨境轉讓的資產類別。大灣區的大型機械設備，如飛機、先進製造業設備等進口需求極大，通過簡化租賃資產跨境交易，推動境內美元租賃資產跨境轉讓便利化，有利於降低整體的融資成本。

5. 加快推動金融科技應用，強化跨境資金流動監管的準確性，進一步將央行牽頭的貿易金融區塊鏈平台打造為全國性貿易融資的債權交易平台，促使供應鏈貿易融資的資產跨境流動的提升，在新技術的支持下，對資產、資金流

動的監管準確性將進一步得到強化。

6. 強化法律監管協調，降低債權資產跨境流動的法律風險。大灣區可考慮成立法律協調組織，形成法律衝突發生時的解決機制以及設計更為普及意義的合同模板。 2022 年 2 月 18 日

2018 年 5 月 9 日，在深度貧困村——南江鎮三溪村調研，與村民座談交流。

2018 年 5 月 9 日，調研南江縣柏椏村留守兒童「關愛行動」項目，與「愛心媽媽」親切握手。

2018 年 5 月 9 日在四川省巴中市南江縣黃羊原種場調研。

第六章

座談發言摘錄

2021年兩會港澳聯組發言：
在疫情防控常態化條件下全力發展經濟

香港遭遇 2019 年修例風波，幸得香港國安法，讓香港由亂到治。新冠病毒肆虐全球，對於香港如何盡快走出疫情，全力發展經濟，我有下列建議：

（一）推動香港成爲國際認證中心。

2017 年 1 月簽訂的港深發展河套區備忘錄，共同發展港深創新科技園。如何吸引國內外頂尖企業、研發機構進駐園區，將是特區政府一個重大考驗。需要制定一些政策加以吸引，讓企業享受「港深兩地雙重的優惠，而不是受到兩邊雙重的制約」。例如一些人體生物樣本，進出邊境有嚴格管制，如果在河套科技園制定一套處理方案，讓這些樣本可以引入開展科研，相信對科技園建設會有幫助。

此外，建議在園區成立產業認證中心。現時，很多產業審批標準在香港和內地是不一樣的，如爭取到在科技園香港認證中心審批通過的產品，也可獲內地相關機構認可，相信會大大吸引企業進駐科技園。這也體現香港「一國兩制」的優勢。

（二）中資企業在香港發展高科技產業，作爲長遠戰略部署。

目前在港上市的中資機構佔整個香港交易市場份額超過 60%，對香港金融市場有舉足輕重影響，但其在香港聘請的員工卻不足整個就業市場的 10%。

建議中資企業發揮優勢，利用河套地區發展高科技產業。要兼顧成本和戰略平衡，增加中資企業在香港布局，擴大本地就業，吸引全球優秀人才，這對於改變香港政治生態，具有長遠的戰略意義。

（三）發揮香港國際金融中心作用，協助科創企業融資發展。

目前我國大部分科創企業仍屬於中小型規模，需要資金支援發展。港交所可

建立專為科技企業的上市板。在港中資金融企業實力雄厚，有引入國際資本，對接內地科創項目的優勢，應大力發展外幣私募股權投資基金和風險投資基金，配合港交所上市平台，構建為科創企業提供融資服務的生態圈。

（四）探討在新冠疫情常態下的生活及工作模式。

重新啟動經濟，首先就要控制疫情，恢復交流。需總結過去一年經驗，積極研究新常態下新的生活及工作模式，以備疫情再發生時，可以迅速啟動指揮中心應變，讓市民可以盡量如常生活、工作，把疫情影響減至最低。

2021 年 3 月 5 日

全國政協港澳台僑委員會專題調研發言

今年兩會勝利閉幕，中央談及港澳事務時指出，要繼續全面準確、堅定不移貫徹「一國兩制」、「港人治港」、高度自治的方針，落實中央對特別行政區全面管治權，堅定落實「愛國者治港」。為了更積極有效壯大愛國愛港力量，與特區政府更緊密協作，全力落實「愛國者治港」，現提出以下建議：

一、基層治理架構改革

地區治理對於特區政府的有效施政，乃至國家安全與發展都至關重要。黑暴之後地區治理法定機構區議會平台已完全失效，無法發揮地區職能，真正擔負起聯絡基層市民，與基層相濡以沫的則僅剩三大社團聯會設置於地區的委員會及社區屬會，例如香港第五波疫情爆發至今，全面協助政府防疫抗疫的主力就是三大社團聯會的社區組織及義工隊伍。然而三大社團聯會既無特區政府資金、場地支援，又無法定治理權限，根本不能有效參與地區事務。因此，我建議特區政府從法例及施政架構層面確立三大基層社團的基層治理權，讓基層社團發揮類似內地成熟的街道辦及居委會的治理功能，並設立地區治理恒常財政及場地支援，快速建立完善有效的地區管治架構。

二、政府資源分配機制轉變

特區政府在資源分配上長期存在嚴重不合理情況，例如：作為特區政府最主要的地區支持團體，九龍社團聯會幾乎很難得到政府資助。九龍社團聯會自 1997 年成立以來，運作資金主要來自社會籌款和愛國愛港商人捐助，因長期缺乏恒常資金支援，運作十分艱難！本人建議特區政府應轉變過往的資源分配機制，設立專項資金，定向支援三大社團聯會，而非現時僅靠我們自籌資金去支持特區政府

施政。同時本人建議由愛國愛港團體組成政府資源分配審核委員會，對政府各機構的撥款項目、撥款名單及各項支援計劃進行審核，防範政府資金注入反對派陣營組織，再反手危害國家及特區政府治理。

三、建立港島、九龍、新界三大社區服務中心

「愛國者治港」就是要確保香港特別行政區政權掌握在愛國愛港人士手中，推動香港實現良政善治。建議特區政府從全港市民福祉及建構有效地區治理的角度考慮，盡快批核三大基層社團可供建造社會服務中心的土地，並提供相應建造及恒常運營資金，以便基層社團建構基層服務系統，更加有效協助政府服務基層社區，推進社會和諧穩定及香港長治久安。

四、建立愛國愛港人才培育及引薦機制

中央對「愛國者」提出「五個善於」及「五有」標準。我建議政府公務員選拔與三大社團聯會雙向互通，打造香港特色的「旋轉門」機制，即由愛國愛港團體建立人才引薦機制，將符合「愛國者」標準的政策專家、管治人才、基層骨幹推薦進入政府管治架構擔任要職，離開政府公務員團隊的退休才俊亦可以加入愛國愛港社團，繼續為政府施政出謀獻策，以此壯大政府管治團隊的「愛國者」力量。此外，建議在三大社區服務中心，或由政府牽頭提供資源，雙方共建以「愛國者治港」為核心原則的行政管理學院，培育符合特區政府管治架構需要的行政管理人才。除公務員架構外，由愛國愛港團體推薦合適人才進入諮詢機構參政議政，以及擴大參與各專業界別的規劃與經營。

五、特區政府各級官員應恒常化走訪基層社區

國以民為本，社稷亦為民而立。這一傳統政治思想，貫穿中國數千年政治發展脈絡。「全心全意為人民服務」亦是中央治國理念的精髓。建議在特區政府施政綱領中，列明政府各級官員要恒常化走訪基層社區，建立政府與三大基層社團

的議政渠道，真正樹立特區政府「以民為本」的施政理念。

六、國家安全及國民教育推廣

九龍社團聯會於 2021 年 9 月 29 日已率先成立「國家安全及國民教育推廣委員會」。建議特區政府應設立國家安全和國民教育專項基金，將資金、場地等資源投放到愛國愛港社團，與愛國愛港社團合力在全港推廣國家安全及國民教育，培養市民國家觀念、國民身份認同和國家安全意識。

中央政府為香港建立和發展了「一國兩制」的民主制度，這是載入史冊的偉大創舉。今年兩會，中央再次重申繼續堅定不移貫徹「一國兩制」、「港人治港」、高度自治方針。作為一名全國政協委員，我希望通過以上提案，為落實中央全面管治權及「愛國者治港」貢獻力量，並將以「五個善於」及「五有」標準嚴格要求自己，為國為港議政建言，履職盡責。

2022 年 4 月 8 日

雙周協商座談會發言：
進一步提升愛國愛港愛澳大量能力建設

2022 年 5 月 13 日，在全國政協雙周協商座談會發言。

尊敬的全國政協汪洋主席、各位領導、各位委員：

遵照中央領導「五個善於」要求和「五有」標準，結合多年來從事香港地區社團工作體會，就進一步密切地區社團與特區政府的溝通協作，確保落實中央對特別行政區全面管治權，落實「愛國者治港」，提幾點建議。

一、改革基層治理架構。地區治理對於特區政府有效施政，以至特區、國家安全都至關重要。黑暴之後，區議會作為地區治理的主要力量已基本失效，港島、九龍、新界三大地區社團設置於地區的委員會及社區屬會，承擔起聯絡基層市民的責任，九龍社團聯會共有 33 萬會員，210 個地區屬會，22.5 萬名義工，實踐證明發揮了重要作用，特別是在發動社區組織和義工隊伍，全面協助政府防疫抗疫

工作中作用顯著。然而基層社團多年來既未獲特區政府固定資金、場地支援，又未被賦予地區治理職能，多是承擔「義工式」的辛苦活。建議特區政府從法例及施政架構層面確立三大基層社團的基層治理權，讓基層社團發揮類似內地街道辦、居委會的治理功能，強化香港群眾工作和人心工作。

　　二、優化政府資源分配機制。由於歷史原因，政府很多資源都是向非政府組織傾斜。回歸後，雖然愛國愛港社團成立了大量非政府組織推動地區基層服務，但由於他們不在社會福利署的固定資助名單上，導致無資格申請特區政府福利計劃。建議：特區政府重新審核現有資源配置名單，將重要地區社團和鄉團加入資源配置名單內。同時設立專項資金，定向支援三大地區社團聯會，並提供場地作為社區服務中心，支援開展日常工作。

　　三、建立健全特區政府與基層社團交流機制。特區管治團隊在選人用人方面與愛國愛港社團互通，打造香港特色的「旋轉門」機制，即愛國愛港團體推薦符合治港標準的政策專家、管治人才、基層骨幹，進入政府管治架構、諮詢機構擔任要職。退休公務員才俊亦可加入愛國愛港社團，繼續為政府施政出謀獻策。此外，政府各級官員定期走訪基層社團，聽取意見建議，形成掌握社情民意常態化機制。

　　四、加強國家安全及國民教育推廣。建議設立國家安全和國民教育專項基金，在教科書中增加中國共產黨的歷史和先進性的教育，形成政府、社團合力提升市民國家觀念、國民身份認同和國家安全意識。

　　各位領導，我們會繼續努力，讓愛國愛港的旗幟在香港永遠飄揚！

2022 年 5 月 13 日

在城鄉建設中加強歷史文化保護傳承
重點提案督辦協調會發言：
推動城鄉歷史文化資源的利用和功能發揮
——以香港經驗做法為例

2022 年 6 月 29 日，參加由全國政協主席汪洋帶隊的調研組，在城鄉建設中加強歷史文化保護傳承重點提案督辦協商會上發言。

　　我在香港土生土長。結合香港經驗做法，對歷史文化資源的保護和功能發揮，分享幾點思考建議。

　　一、保育活化。香港中西文化交匯，擁有大量歷史建築，這些建築見證了香港的歷史。然而，歲月變遷中，它們也面臨着破敗和被淘汰的境地。在此背景下，特區政府推出「活化歷史建築伙伴計劃」，其理念是「以適切及可持續的方式，因應實際情況對歷史和文物建築及地點加以保護、保存和活化更新」，即賦予歷史建築新功能、新生命，提升文化價值和現實功能，簡稱「保育活化」。至今，對香港 1444 幢歷史建築推出 19 個保育活化項目，其中 5 個獲聯合國教科文組織亞太區文化遺產保護獎。

　　二、創新善用。保護不是單純的保留，而是與所處時代的經濟、文化環境和市民訴求相結合的適應性更新，既體現保護文化遺產的初心，也符合發展經濟和民眾親近歷史文化的願望。比如，元創方是孫中山曾經就讀過的皇仁書院舊址，活化後成為創意中心，無論建造方式和選料都是當年的建築時尚，甚至還原了樓梯欄杆的顏色，既古樸又實用，吸引年輕人來此創業，並成為新興的旅遊景點。我這兩天在調研考察中，參觀了青海省西寧市位於城區中心的一所香水書院，它原址為「香水泉」，現在打造成休閒、閱覽、上課集一體的功能室，據講解員介紹，每年政府出資約 100 萬經費。我建議，可以撥出香水書院的部分地方和營運資金，建設打造成「青年創業基地」，讓有意創業的年輕人來營運，自負盈虧，我相信，通過他們的創意理念，可以把經營模式做得更加有吸引力。既減輕政府的財政負擔，同時也鼓勵了青年人創業。

　　三、貼近民眾。被活化的歷史建築，儘管被冠以「法定古蹟、歷史建築」等名銜，但並不高高在上，而是努力接地氣，注重服務社區，與公眾進行更貼身、更親密的互動。比如，位於中環的大館，前身為中區警署、監獄、中央裁判司署，

特區政府與香港賽馬會合作,將其活化為當代藝術中心,包括當代美術館、藝術圖書館和歷史故事空間,免費對公眾開放。該項目於 2019 年獲得聯合國教科文組織亞太區文保獎最高獎項「卓越獎」,成為集古蹟、當代藝術及休閒消遣於一身的打卡勝地。

四、傳播文化。饒宗頤文化館是香港「保育活化計劃」的首批項目。館內建築建於清朝光緒年間,前身為荔枝角醫院。特區政府與香港中華文化促進會合作進行改造,展出著名國學大師饒宗頤教授的書畫和學術作品,傳播中華文化,現已經成為香港重要的文化地標之一。

參考香港「保育活化」運營模式,我對歷史文化資源保護有幾點建議:

一是注重實用性。政府通過與非牟利組織合作,將歷史建築注入新生命,達到更好的人文、環境、社會及經濟價值。二是注重共享性。通過沉浸式體驗讓市民和遊客認識文物、共享文物。三是注重包容性。保育活化項目基本不做大拆大建,而是盡可能保留原貌,同時進行現代化改造,實現歷史與現代和諧共處。四是注重參與性。從公眾諮詢到活化改造、再到日常運營,政府與民間共同參與,一些活化項目還保留了部分民居,為居民改建設施,提供生活便利。形成歷史文化與市民日常生活你中有我、我中有你的「嵌入式」模式,市民在生活中自然而然受文化薰陶。

最後談一點思考:就是要發揮歷史文化資源「以史資政」的功效。

習近平總書記指出,「文物和文化遺產承載着中華民族的基因和血脈,是不可再生、不可替代的中華優秀文明資源。要讓更多文物和文化遺產活起來,營造傳承中華文明的濃厚社會氛圍」。無論內地還是香港,歷史文化資源都是凝聚人心、促進團結和諧的根脈。要以「國之大者」的眼界和高度來認識歷史文化資源的傳承利用,發揮歷史文化在民族復興大業中的重要作用。用好歷史文化資源,

講好中國故事；用好歷史文化資源，喚起中華兒女內心深處的共情、共鳴、共振，增進人民文化自信；用好歷史文化資源，凝聚起中華兒女大團結的「中國結」。作為港區全國政協委員，我將繼續為「一國兩制」行穩致遠，為維護香港繁榮穩定作出應有貢獻。

2022 年 6 月 29 日

全國政協港澳台僑委員會關於粵港澳大灣區現代化體系建設專題調研發言：圍繞加快推進產業集群發展，粵港澳合作在進一步優化技術、人才、資本、土地等要素配置方面的基本情況、存在問題、意見建議

隨着《粵港澳大灣區發展規劃綱要》和中央《關於構建更加完善的要素市場化配置體制機制的意見》的發布，近年來各類要素在粵港澳大灣區的配置效率不斷提高，推動大灣區逐步構建具有國際競爭力的現代產業體系，向高質量發展全面邁進。下面，我就粵港澳合作在進一步優化技術、人才、資本、土地等要素配置方面談一些看法和建議。

首先是技術要素配置。

深化科技合作是粵港澳合作最有潛力的一個方面，近年來粵港澳科技合作取得了一些成績，包括科技創新制度與規則的銜接、科技資源分享、科研資金跨境流動、共建科技產業園區、推動科研成果落地、提高科研人才流動便利等多個方面，粵港澳科技合作載體、合作專案、參與的科研人員均不斷增加。

當前我國在科技領域雖然取得了長足進步，但是在一些重點領域依然受制於人，特別是近年來美國對於晶片等高科技產業加大了對我國的技術封鎖，粵港澳

的科技合作可以起到關鍵突破口的作用。下一步，粵港澳科研合作可將重點放在重大戰略性高科技領域，助力攻克我國面臨的科技「卡脖子」問題。一是大灣區可以在基礎科學領域開展全面合作，共用科研資源，包括重點實驗室、關鍵科研設備（比如超級電腦）等；二是利用好香港世界一流大學的競爭力優勢，加強粵港澳聯合辦學、人才培養和開展基礎學科共建；三是便利科研資金跨境流動，比如為國際頂尖科學家申請內地專案提供科研經費跨境通道；四是利用好香港資本市場服務重大科研成果落地，吸引內地高科技初創企業赴港上市。

1. 面對困難：很多科研成果未能暢通交流，例如一些人類生物樣本，資料以至特殊技術和專才不能夠自由進出香港和內地，我們需要拆牆鬆綁，才能促進科研成效。建議利用好位於河套區的港深創新科技園，在河套區內制定一套制度，只要在區內，不論是人、樣本或資料都可以自由進出，不視為出境，發揮好「一國兩制」的優勢。

2. 科研落地：目前很多上游研究未能有效轉化成市場產品，過往都是依靠上游研發人員轉型研發產品。科研能否成功轉化為產品，需要對準市場；建議專業分工，將研發分為上游、中游和下游三個階段，引入企業投資作中游和下游產業，發揮企業對市場的認知，這樣才能夠更精準將科研成果落地轉化為市場產品，這既可以釋放科學家的時間，好讓他們更專心做科研，同時也增加落地成功率。

3. 科研資金過河困難：雖然國家自然科學基金可以投放在香港的科研項目，但需要特殊審批和政策，其審批程序繁複，到目前為止，只有兩個項目獲得通過，建議重新審視行政流程、優化審批程序、簡化申請文件和提交報告。

第二是人才要素的配置。

近年來粵港澳大灣區在加強人才要素流通方面已經取得了不少成績，包括人才和職業資質互認、港澳人才引進內地、吸引港澳青年來粵創業、人才稅收優惠，還有不斷完善各項生活便利等措施。

要推動現代化產業，人才引入是重中之重的因素，建議加強對國際人才的吸引力。過去我們更多關注的是粵港澳三地間的人員自由流動，未來還應充分發揮「一國兩制」的特殊優勢，依託香港澳門自由開放的環境吸引全球科技人才，為推動我國實現關鍵領域科技突破作出貢獻。

人才政策方面可以採取更開放的思維，現時很多國家對一些特定領域的專才，實行特殊綠色通道以爭取人才，他們不一定要有企業聘請才可以申請入境。

其三是資本要素配置。

發揮香港國際金融中心作用，協助科創企業融資發展。近年來粵港澳不斷推動金融市場互聯互通，深交所、港交所、廣期所三大重要金融基礎設施建設不斷完善，「深港通」、債券通、「跨境理財通」三大「金融通」範圍不斷擴展，服務大灣區居民、企業、人才三大群體的金融產品。但對於科創企業融資政策，仍是相對保守。建議要進一步強化資本要素配置服務於實體經濟，特別是深化科創金融改革，服務技術創新。在港中資金融機構實力雄厚，有引入國際資本，對接內地科創項目的優勢，應大力發展外幣私募股權投資基金（PE fund）和風險投資基金（VC fund）。全面推動優質科創企業與項目上市融資，鼓勵科創企業利用多層次資本市場做優做強；鼓勵具有一定規模的科技型企業通過各類債券型工具融資；創新支援產權的證券化產品；探索在深交所開展分層分類儲架式發行；探索設立綜合性科創金融服務平台；探索發展粵港澳大灣區技術交易市場，設立粵港澳大灣區技術交易中心，聚焦技術成果轉化。

最後是土地要素配置。

粵港澳大灣區整體看土地資源相對豐富，但在區域分布上存在結構性的矛盾，比如香港、澳門、深圳土地較為緊缺，需要有效加快土地要素的跨區域流轉配置。建議對大灣區內土地要素進行科學合理規劃，對建設用地等土地指標進行跨區域調節，推動農村土地徵收制度改革和農村集體經營性建設用地入市。合理規劃和配置土地資源，推進粵港澳共建的各類科技產業園區，服務科技產業發展。

2022 年 10 月 25 日

同心築夢　一片丹心為報國
——港澳台僑委員的履職故事

十三屆全國政協委員、提案委員會副主任 王惠貞

2021 年 3 月，出席中國人民政治協商會議第十三屆全國委員會第四次會議。

　　我與政協結緣，算起來快 20 年了。2003 年，我成為廣西壯族自治區政協委員，2010 年增補為全國政協委員，2018 年擔任全國政協提案委員會副主任。20 年來，我始終牢記「懂政協、會協商、善議政」的要求，提醒自己要把履職盡責寫在腳下、寫在路上、寫在為群眾做實事上，用心服務香港、奉獻國家。

　　回顧十三屆全國政協以來的履職經歷，我深感這是極不平凡的五年，也是十分充實的五年。從國家來看，面對百年變局和世紀疫情疊加的複雜局面，黨中央帶領全國人民全面建成小康社會，實現了第一個百年奮鬥目標，開啟全面建設社會主義現代化國家新征程。從香港來看，2019 年發生修例風波，出現回歸以來最嚴峻的局面。中央審時度勢，實施香港國安法，完善選舉制度，落實「愛國者治港」，香港局勢實現由亂到治的重大轉折，開啟由治及興新篇章。在此過程中，我是見證者，也是親歷者，始終不忘身為全國政協委員的情懷責任，全心全意投入國家發展和「一國兩制」事業。

全力參與脫貧攻堅讓我成就感滿滿

　　見證四川南江縣脫貧是讓我很有成就感的一件事。2018 年，為回應國家脫貧攻堅政策，我同幾位港區委員聯名提交了《發揮香港各界人士在國家脫貧攻堅戰中的作用》提案，成為當年重點提案之一。我與幾位同好成立了「香港各界扶貧促進會」，該會是在全國打響扶貧攻堅戰、決勝全面建成小康社會宏偉目標的大背景下，香港首個投身內地扶貧最前線的民間組織，各界人士一呼百應，籌款約 1 億港元。

　　我們選擇四川省巴中市南江縣作為第一個扶貧點，簽訂了 7 個公益項目，包括：黃羊產業扶貧基金、關愛留守兒童「童伴計劃」、白內障／青光眼復明計劃、鄉村醫生培訓等。成員們多次奔赴南江考察當地經濟特色，定點扶貧。比如，當地盛產優質黃羊，但由於資訊不暢，銷售不廣。我們通過香港的宣傳推廣和銷售渠道，使黃羊走出大山、走向國際。在 2019 年 10 月中國扶貧國際論壇上，南江黃羊產業扶貧項目入選聯合國全球減貧最佳案例獎，「借羊還羊」的脫貧攻堅模式

得到了國際讚譽；教育扶貧方面，建成「童伴之家」50 個，招聘 50 名「童伴媽媽」為逾 1600 名留守兒童送溫暖，救助貧困學生 500 餘人，改善 72 所村小辦學條件；衛生扶貧方面，開展鄉村醫生能力提升培訓，首期有 90 名鄉村醫生接受培訓。

在香港各界幫扶下，南江縣於 2019 年 4 月完成了 45 個村、1.95 萬人的脫貧任務，正式宣布脫貧「摘帽」。我們馬不停蹄，又將扶貧計劃推進到貴州等地貧困山區，為國家打贏脫貧攻堅戰貢獻香港力量。

政協培養了我「國之大者」的眼界胸懷

五年來，我積極參加全國政協組織的各種會議、調研、考察等活動，努力履行好委員責任。2022 年 5 月，我參加了十三屆全國政協第 62 次雙周協商座談會，圍繞「進一步提升愛國愛港愛澳力量能力建設」主題，結合多年從事香港地區社團工作體會，提出了改革基層治理結構、優化政府資源配置機制、建立健全政府與基層社團交流機制、加強國家安全及國民教育推廣等建議。6 月，我隨同全國政協領導人赴青海進行考察調研，並作為 7 名委員之一，就「在城鄉建設中加強歷史文化保護傳承」主題，在重點提案督辦協商會上發言。結合香港古蹟「保育活化」模式，提出要注重歷史文化資源保護利用的實用性、共用性、包容性和參與性，並發揮「以史資政」功效等建議，中央廣播電視總台對發言做了摘播。7 月，我應邀到廣州市天河區委統戰部，就學習貫徹習近平主席重要講話精神作宣講報告。8 月，我作為副團長，參加港區全國政協委員赴江蘇考察團，圍繞「推動長三角高質量一體化發展」主題開展調研並作交流發言。

我深深體會到，如果說養育我的家族是血脈親情之家，公司是「事業之家」，那麼政協就是我的「政治之家」——政協培養了我「國之大者」的眼界胸懷。通過政協這個平台，我親身感受到國家發展進步，也歷練了從國家治理角度看待香港治理和「一國兩制」實踐的視野高度。我提出的不少提案和建議，得到了全國政協領導及有關方面的重視和肯定，有的已經轉化為促發展惠民生的實際舉措。

多項公職助我發揮雙重積極作用

作為港區委員，我積極投身香港社會政治事務，發揮「雙重積極作用」。我身兼多項公職，連續四屆擔任九龍社團聯會理事長，2021年擔任會長。剛接手時，會員不到10萬人，現已發展到33萬會員、210個地區屬會。當區居民在生活或者在內地遇到困難，都可通過我們的地區辦事處尋求協助。我推動「青年躍動——大學生內地實習計劃」，每年幫助一批香港年輕人到內地實習交流。十餘年來共有3150名香港青年參與，已成品牌項目。不少年輕人加入內地企業，成就個人事業，投身國家建設。我還與特區政府合作舉辦青年創業計劃，第一期挑選12個團隊提供資助，四年來大部分初創企業取得成功，有些還到內地發展。我也擔任香港中華總商會常務副會長，多次舉辦高峰論壇、組團外訪，邀請海內外政商學界精英，探討香港在粵港澳大灣區和「一帶一路」建設中的機遇。我身體力行，利用家族在內地的項目，吸引「一帶一路」國家來中國設立商貿機構，目前有25個國家在我內地項目設立商貿館。

在香港重大政治鬥爭和大是大非問題上，我始終站穩愛國愛港立場，關鍵時刻靠得住、站得出、敢發聲，旗幟鮮明支持中央重大決策部署。2014年非法「佔中」期間，我牽頭發起「愛心媽媽」行動，同30多名母親到金鐘，與在場青年傾談，勸喻他們盡快撤離。2019年修例風波期間，我帶領社團公開發聲明譴責暴行，支援慰問警隊，組織義工清除路障。中央作出香港國安立法、完善選舉制度等重大決策，我第一時間接受媒體採訪、公開發表文章表達支持，並上街擺街站、落區聽意見，向市民宣介中央精神。每年全國兩會後，我都要到社團、企業和學校宣講兩會精神。新冠疫情爆發之初，我自費從海外購買防護物資支援武漢，並作為發起人之一成立「全港社區抗疫連線」，在全港18區開展抗疫行動。我還在媒體開設《慧言真語》專欄，配合落實中央對港方針政策和特區政府依法施政，發揮正能量。迄今發表文章70餘篇，多篇被《人民政協報》轉載，還接受《中國政協》雜誌等媒體採訪。

　　習近平主席在慶祝香港回歸祖國 25 周年大會上的重要講話，為「一國兩制」發展指明了方向，也為新時期港澳委員發揮「雙重積極作用」提供了指引。「一國兩制」實踐進入新階段。作為港區政協委員，我深感使命光榮、責任重大。我將始終牢記「堅持為國履職、為民盡責的情懷，把事業放在心上，把責任扛在肩上」，以這份政協緣，踐行服務香港、報效國家的家國情。

　　（註：該篇收入全國政協《奮進新時代‧百名委員說》及《加強中華兒女大團結‧我的履職故事》系列）

2022 年 12 月

2022 年 6 月 29 日，參加由全國政協主席汪洋率隊的全國政協重點提案督辦活動，就「推動城鄉歷史文化資源的利用和功能發揮」到青海省調研。圖為作者與調研組在尖扎昂拉千戶院實地調研城鄉歷史文化保護傳承現狀。

2022 年 8 月，作為港區全國政協委員考察團副團長赴江蘇考察。

2021 年 11 月 20 日，榮獲香港特區政府頒授金紫荊星章。

書　名：《慧言真語》

作　者：王惠貞

責任編輯：嚴中則　劉慧華

裝幀設計：馮自培

出　版：大公報出版有限公司
　　　　香港仔田灣海旁道七號興偉中心29樓
電　話：2873 8288

發　行：聯合新零售(香港)有限公司
　　　　香港新界荃灣德士古道220-248號荃灣工業中心16樓
電　話：2150 2100

印　刷：高科技印刷集團有限公司
　　　　香港葵涌和宜合道109號長榮工業大廈6樓

版　次：2023年1月初版

國際書號：ISBN 978-962-582-088-0

定　價：港幣100元